COLLOUTHOS

L'ENLÈVEMENT D'HÉLÈNE

COLLECTION DES UNIVERSITÉS DE FRANCE
publiée sous le patronage de l'ASSOCIATION GUILLAUME BUDÉ

COLLOUTHOS

L'ENLÈVEMENT D'HÉLÈNE

TEXTE ÉTABLI ET TRADUIT
PAR
PIERRE ORSINI
Chargé de conférences à l'Université de Toulouse

Troisième tirage

PARIS
LES BELLES LETTRES
2024

Conformément aux statuts de l'Association Guillaume Budé, ce volume a été soumis à l'approbation de la commission technique, qui a chargé M. Francis Vian d'en faire la révision et d'en surveiller la correction en collaboration avec M. Pierre Orsini.

95 boulevard Raspail, 75006 Paris
www.lesbelleslettres.com

Premier tirage 1972

ISBN : 2-251-00076-3
ISSN : 0184-7155

INTRODUCTION

I

L'AUTEUR

Le pays et l'époque.

La Vie de Collouthos [1], que renferme un des manuscrits récents, l'*Ambrosianus Q* 5 *sup.* (gr. 661) nous apprend, d'après la *Souda*, que le poète était un Grec d'Égypte, originaire de Lycopolis. Lycopolis était une ville sise en aval de Thèbes, sur la rive Ouest du Nil et qui a conservé de nos jours le nom que lui donnaient déjà les Assyriens, bien avant l'ère chrétienne, Siout (aujourd'hui Assiout). La localité se trouvait entre la Haute et la Basse-Égypte, à l'endroit où venaient aborder les caravanes, à la sortie du désert libyen. Elle était, semble-t-il, une cité très active et à demi hellénisée; c'est là notamment qu'était né et qu'avait vécu, au IIIe siècle après J.-C., le philosophe néo-platonicien Plotin [2]. Nonnos, auteur

1. Collouthos, forme de nom propre attestée par de nombreux papyri (v. E. Livrea, *Il ratto di Elena*, Bologne, Patròn, 1968, p. XI, n. 2), semble préférable à Colouthos, que présentent, outre la *Vie*, plusieurs titres de manuscrits; le titre du plus ancien, M, a été corrigé au-dessus de la première syllabe du nom du poète : Κόλουθος (ολλ s.l.).

2. R.E., *s.u.* Lykonpolis 1 (Kees).

des *Dionysiaques* et maître en poésie de Collouthos, était lui aussi un Grec d'Égypte, natif d'une ville très ancienne, Chemmis [1], située à une centaine de kilomètres de Lycopolis-Assiout. Chemmis, mentionnée déjà par Hérodote [2] puis par Plutarque [3] et appelée par les Grecs Panopolis, était aussi une cité importante du Nord de la Thébaïde qui avait vu naître deux poètes grecs, Kyros et Pamprépios [4]. A l'époque byzantine, les deux villes étaient aussi grecques qu'égyptiennes. Dans toute la vallée du Nil, des monastères et des écoles perpétuaient toujours, au ve et au vi^e^ siècles de notre ère, la tradition de la culture hellénique.

La vie. Collouthos, poète grec, vivait en effet, selon la *Souda*, sous l'empereur Anastase [5], surnommé Brachinous, successeur de Zénon [6], empereur de Constantinople et prédécesseur de l'empereur Justin le Thrace [7], à qui succéda son neveu, le divin Justinien [8], celui qui délivra l'Italie de la domination des Goths grâce à Bélisaire [9]. Comme le règne d'Anastase Ier n'a duré que vingt-sept ans, entre 491 et 518, il semble que l'expression « vivait » [10] ne se réfère qu'à une partie de la vie du poète, son ἀκμή.

1. Aujourd'hui El Achmîm; cf. R.E., *s.u.* Panopolis (Kees).
2. Hérodote *Hist.* II, 91.
3. Plut. *De Iside et Osiride*, 14.
4. R.E., *s.u.* Nonnos, n° 15, col. 904-905 (Keydell).
5. Anastase Ier, 491-518 ap. J.-C.
6. Zénon, 474-491 ap. J.-C.
7. Justin Ier, 518-527 ap. J.-C.
8. Justinien, 527-565 ap. J.-C.
9. Victoire de Bélisaire sur le roi ostrogoth Vitigès 540 ap. J.-C.
10. Pour le sens de γεγονώς, cf. Rohde, Γέγονε *in den Biographien des Suidas*, Rhein. Mus. XXXIII (1878), p. 163 et 219.

L'œuvre. Dans la suite de sa notice, le biographe anonyme de l'Ambrosianus qui se borne, semble-t-il, à copier la *Souda*, énumère les œuvres du poète. Elles comprenaient, nous dit-il, six livres de *Calydoniaca* en vers (poème sur la légende de Méléagre et la chasse au sanglier de Calydon), des *Éloges* (Ἐγκώμια) et des *Persica* (poème sur la Perse). Il ne reste de cette œuvre considérable qu'un *epyllion* de 392 vers, l'*Enlèvement d'Hélène*, Ἁρπαγὴ Ἑλένης, que ne mentionne d'ailleurs pas la liste ci-dessus, sans doute tronquée après les *Persica*.

II

L'ENLÈVEMENT D'HÉLÈNE

Le genre. L'*epyllion*, genre poétique pratiqué en Orient et aussi en Occident, à Rome, depuis l'Alexandrin Callimaque de Cyrène, est une épopée en raccourci, ne racontant en général qu'un épisode d'une longue légende, et, par suite, plus sobre de détails que la grande épopée traditionnelle aux développements et aux héros multiples telle que l'avaient pratiquée encore au IIIe siècle après J.-C. un Quintus de Smyrne, et, au Ve, un Nonnos de Panopolis.

Le sujet. Le sujet de l'*epyllion* de Collouthos est la légende qui attribuait l'origine de la guerre de Troie à une querelle où s'étaient affrontées, lors des noces de Thétis et de Pélée, trois déesses, Héra, Athéna et Aphrodite, dont chacune prétendait l'emporter sur les deux autres par la beauté. La légende, qu'Homère paraît connaître [1], mais à laquelle il ne fait, sans doute à dessein, que de rapides allusions, se trouvait contée tout du long dans une épopée du Cycle, les *Chants Cypriens* (Κύπρια) que certains attribuaient à un nommé Stasinos, originaire de Chypre. Les *Chants Cypriens* avaient connu une grande vogue au vᵉ siècle avant J.-C. Les poètes tragiques, et notamment Euripide, y avaient puisé de nombreux sujets de drames [2]. Ils n'étaient cependant plus lus à l'époque de Collouthos; ils avaient disparu vers le IIIᵉ siècle après J.-C., « victimes, comme tant d'autres œuvres de l'Antiquité, de l'érudition de seconde main [3] ».

La composition et les sources. Quand on aborde le problème des sources de l'*epyllion*, il importe de ne pas oublier que, comme il est naturel, les poèmes homériques, base, en Grèce, de toute éducation, ont exercé sur Collouthos une influence générale inévitable qui se traduit par l'emploi de l'hexamètre et d'un vocabulaire de couleur épique. Mais, comme les Κύπρια de Stasinos sont restés inconnus de Collouthos, ce sont d'autres auteurs, plus récents que le vieux poète cyclique, qui ont inspiré l'écrivain du VIᵉ siècle après J.-C., du moins

1. Ceci a été contesté par Aristarque (cf. A. Severyns, *Cycle épique* (1928), 261 sqq.), mais sans doute à tort; v. V. Magnien, *La discrétion homérique*, R.E.G. XXXVIII (1934), p. 145-146 et 162.

2. D'après Severyns, *Cycle épique*, les trois tragiques grecs se sont inspirés des légendes racontées dans les divers poèmes du Cycle; v. pour Eschyle, p. 15, 55, 105, 127, 414; pour Sophocle p. 108, 263, 299; pour Euripide, p. 270, 295, 355.

3. Cf. Fr. Jouan, *Euripide et les légendes des chants Cypriens*, Paris, Belles-Lettres, 1966, p. 31.

pour ce qui touche aux faits, thèmes et motifs. Pour s'en convaincre, il suffit d'examiner partie par partie l'*Enlèvement d'Hélène*.

1. *Composition.* — Le plan du poème est simple et clair. Un prélude, qui expose à grands traits le sujet (v. 1-16), est suivi du récit des noces de Thétis et de Pélée [1], au cours desquelles s'affrontent les déesses Héra, Athéna et Aphrodite en un conflit suscité par Éris, déesse de la discorde (v. 17-76). Puis vient le récit du concours de beauté, qui se divise en trois épisodes préliminaires : *a*) la toilette des déesses (v. 77-83), *b*) l'appel d'Aphrodite à ses enfants, les Amours (v. 84-100), *c*) la description bucolique de Pâris au milieu de ses troupeaux sur le mont Ida (v. 101-120). Suit le récit du concours lui-même, (v. 121-189). Encouragé par Aphrodite, Pâris fait aussitôt construire une flottille et se rend à Sparte (v. 190-246) ; il séduit Hélène, qui s'enfuit avec le beau Troyen (v. 247-325) ; Hermione, abandonnée par sa mère, est désespérée (v. 326-386). Enfin Pâris retourne à Troie avec sa conquête (v. 387-392).

Les épisodes de la légende se succèdent, on le voit, dans l'ordre chronologique et se déroulent sans autre ralentissement que la scène bucolique montrant Pâris au milieu de ses troupeaux et les digressions purement descriptives du voyage à Sparte.

2. *Les sources et leur utilisation.* — Dès les premiers vers, Collouthos adoptant d'emblée un procédé constant chez les poètes grecs, l'imitation (μίμησις), s'inspire de Callimaque, *Hymne à Délos*, v. 109. L'imitation, à vrai dire, n'est pas totale ; car ce n'est

1. Les noces de Thétis et de Pélée sont racontées par Apollodore *Bibl.* III, 13, 5-6 (168-170 Wagner).

pas au début de son poème que le Cyrénéen invoque les Muses Thessaliennes; il met l'invocation dans la bouche de Létô suppliant le fleuve Pénée d'accueillir ses couches; mais le mouvement des deux vers, celui de Callimaque et celui de Collouthos, est identique et plusieurs expressions se retrouvent dans l'un et dans l'autre.

Le motif d'Éris courroucée existait bien chez Stasinos, si nous en croyons les résumés qui nous sont parvenus du récit des noces et dont l'un, plus développé [1], contient tous les détails que donne Collouthos sur l'intervention de la déesse de la discorde; mais le poète n'avait pas besoin, s'il voulait l'imaginer, de recourir à l'auteur des *Cypria*. Il y avait là une sorte de thème folklorique dont on trouve de nombreux exemples : une divinité, soit oubliée, soit méprisée au cours d'un sacrifice ou d'une cérémonie, se venge inexorablement. Il en est ainsi d'Artémis dans l'*Iliade*, IX, 533-536, dans l'*Ajax* de Sophocle, v. 176, et dans l'*Hippolyte* d'Euripide, v. 147; de même Héra, offensée par Pélias, finit, après de longues années, par tirer vengeance du meurtre de Sidérô, réfugiée auprès de son autel [2].

Plus loin (v. 39-40), le portrait d'Apollon semble inspiré de celui qu'Apollonios trace du dieu, *Argonautiques*, II, v. 676-677. Plusieurs termes, substantifs

1. Apollodore, *Épit.* III, 2; Hygin, *Fab.* 92; version développée des *Cypria* dans Severyns, *Rech. sur la Chrestom. de Proclos* IV (Paris, Belles-Lettres, 1963), p. 78, in *Testimonia* (texte de l'*Ottobonianus* 58).

2. V. Apollodore, *Bibl.* I, 9, 8 (92 W.). De même, Aphrodite, oubliée lors d'un sacrifice par Tyndare, se venge de celui-ci en rendant ses filles, Hélène et Clytemnestre, infidèles à leurs maris (cf. schol. à Euripide, *Oreste* 249); v. Apollodore, *Bibl.* I, 3, 2 (16 W.).

ou adjectifs, se retrouvent dans les deux passages.

Dans la suite du récit des noces, Colluthos, peut-être par désir de faire bref, a omis de parler des ἕδνα ou cadeaux de mariage que l'*Iliade* et Pindare mentionnaient en de nombreux endroits [1] et que Quintus de Smyrne rappelait plusieurs fois dans ses *Posthomerica* [2]; mais il a noté la présence d'Artémis que Catulle prétend avoir été absente [3] : d'après le poète latin, en effet, Diane avait refusé volontairement d'assister à une cérémonie qui la choquait parce qu'unissant une déesse à un simple mortel, elle lui paraissait célébrer une mésalliance. Est-ce une allusion et un blâme voilé à l'égard de cette attitude qu'il faut voir dans le καὶ ἀγροτέρη περ ἐοῦσα du v. 33 de l'*epyllion* du Lycopolitain [4]?

C'est peu probable, parce que Catulle n'a pas été le seul qui ait écarté Diane-Artémis d'une cérémonie qui devait, grâce à la présence de tous les dieux, rester exceptionnelle. Nonnos a fait de même dans son récit des noces de Cadmos et d'Harmonie, au livre V des *Dionysiaques*. Les dieux qui assistent aux épousailles du fondateur de Thèbes et de la fille d'Arès et d'Aphrodite sont en effet : d'abord Aphrodite (Παφίη la déesse de Paphos, v. 91) [5], puis Arès, désarmé

1. *Il.* VIII, 86-87; XVI, 143-144; XVII, 195-196; XIX, 390; XX, 277; XXI, 162; XXII, 133; Pindare, *Pyth.* III, 94-95.

2. Quint. de Sm. *Posthomerica*, III, 98-127; IV, 49-55.

3. Cf. Catulle, LXIV, 299-302; v. Granarolo, *L'œuvre de Catulle*, Paris, Belles-Lettres, 1967, p. 136.

4. Pour le sens d'ἀγρότερος, « paysan, rustre », cf. *Anth. Pal.* IX, 244 (Apollonidas de Smyrne). Il ne s'agit pas du vœu de virginité, comme le pense E. Livrea, *Ratto di Elena*, *ad loc.*, p. 80, mais de l'aversion d'Artémis pour les mondanités urbaines.

5. Cf. Coll. 26.

et sans bouclier [1], en compagnie d'Erôs (v. 96-100), Apollon Isménien, c'est-à-dire Thébain, porteur de la cithare et suivi, comme chez Collouthos, des neuf Muses [2], parmi lesquelles Polymnie (v. 104) fait l'objet d'une mention spéciale; la Victoire, battant des ailes (v. 108) [3] et enfin Zeus (v. 109) [4]. Toutes ces divinités qui, selon Nonnos, font de Thèbes un « chœur d'Olympiens », présentent aux jeunes époux, conformément aux usages du mariage grec, des cadeaux précieux que Collouthos a passés sous silence. Nonnos a toutefois exclu Artémis de la fête, parce qu'il estimait sans doute que la déesse, fière de sa virginité, n'avait pas sa place dans une cérémonie nuptiale [5]. C'est le seul point sur lequel son récit diffère de celui de Collouthos, avec la mention de la Victoire, qui n'avait pas, chez ce dernier, de raison d'être. Il semble donc que la critique, très allusive, du καὶ ἀγροτέρη περ ἐοῦσα, au v. 33 de l'*Enlèvement d'Hélène*, puisse viser ce détail : Collouthos y souligne en passant qu'il se conforme à la tradition ordinaire,

1. Cf. *ibid.* 35-37.
2. Cf. *ibid.* 24-25 et 39-40.
3. Cf. *ibid.* 28; Peithô, portant une couronne, occupe la place de la Victoire, dans le groupe des dieux énumérés par Nonnos.
4. Cf. *ibid.* 22.
5. Dans l'énumération des donneurs de cadeaux, Nonnos, et dans celui des invités aux noces, Collouthos n'omettent aucune des autres divinités et les termes employés par Collouthos rappellent ceux de son devancier; ainsi Coll. 25 κασιγνήτη Διὸς Ἥρη˜ *Dion.* V, 127 κασιγνήτην δὲ Ἥρην. Poseidon, mentionné dans *Dion.* V, 129, sous son surnom de Κυανοχαίτης est cité dans l'*Enlèvement d'Hélène* au v. 22. Quant à Hermès, mentionné par Nonnos, *Dion.* V, 130, à l'occasion de la remise de ἔδνα, il résulte du v. 69 de l'*épyllion* qu'il est présent à la cérémonie.

qui range Artémis parmi les dieux ayant assisté aux Noces de Thétis et de Pélée [1].

Cette comparaison des Noces de Thétis et de Pélée avec celles de Cadmos et d'Harmonie a pu être suggérée par des auteurs qui l'avaient déjà faite, comme Pindare, dans sa *III*[e] *Pythique* (v. 93-95). Le lyrique thébain y met en parallèle avec la cérémonie du Pélion celle, tout aussi noblement fréquentée, qui s'était déroulée à Thèbes, lors du mariage de Cadmos et d'Harmonie.

Le concours de beauté proprement dit appelle des remarques analogues, qui montrent à quel point Collouthos dépend de ses modèles [2].

Ainsi, le motif de la toilette d'Aphrodite est inspiré d'Homère qui, à plusieurs reprises, montre la déesse en train de se parer. Une de ces sources paraît être le tableau qu'en fait l'*Odyssée*, VIII, 364-366 : « les Charites baignent la déesse, frottent son corps d'une huile immortelle, puis l'habillent de vêtements aimables, merveille à voir ». Dans l'*Hymne homérique à Aphrodite*, v. 58-62, le poète reprend les termes odysséens : « Les Charites la baignent, frottent son corps d'une huile immortelle, telle qu'elle se trouve sur les dieux toujours vivants, agréable liqueur d'immortalité qu'on avait parfumée pour elle »; mais

1. Les poètes antérieurs à Collouthos ne signalent pas d'absents, parmi les dieux invités aux noces; v. Pindare, *Pyth.* III 92-95 P.; Apollonios, *Argon.* IV, 807-808. Chez les mythographes non plus, si Proclos reste vague, aucune absence n'est signalée par Apollodore, *Bibl.* III 170 W.

2. Une tradition, assez fréquemment reprise avant Collouthos et utilisée par les artistes, voulait que les déesses se fussent présentées nues au jugement du berger troyen; v. Properce, II, 13-14; Ovide, *Hér.* XVI, 57 sqq; Lucien, *Dial. deorum* XIX, 7. Collouthos passe le trait sous silence.

l'*Hymne* poursuit : « après s'être revêtue de ses plus beaux atours, parée d'or, la déesse quitte l'odorante Chypre pour s'élancer vers Troie... »; après quoi, en deux autres endroits du même *Hymne*, l'aède énumère en termes pittoresques les bijoux dont la déesse se pare avec une profusion tout orientale : « broches, spirales courbes, fleurs et colliers » (*H. à Aphr.*, I, 163). Collouthos a négligé ces derniers détails; la répétition du mot χρυσῷ lui suffit (v. 83). Peut-être s'est-il souvenu en même temps de la scène assez brève de la toilette de Médée dans Apollonios de Rhodes, *Argon.* III, 830-836; on retrouve en tout cas chez les deux poètes un élément que n'avait pas mentionné l'auteur de l'*Hymne* : la καλύπτρη (*Arg.* 833 = Coll. 81). Il semble donc qu'il y ait eu chez le Lycopolitain contamination de ces divers passages.

Le motif de la frayeur de Pâris à l'approche du cortège divin lui était fourni par plusieurs écrivains comme Ovide, dans l'*Héroïde*, XVI, 67-70, et Lucien, *Dial. deor.*, XX, 6-7 [1].

Les sarcasmes adressés par Aphrodite à ses rivales semblent une réplique de ceux que Héra et Athéna lui avaient décochés au chant V de l'*Iliade*, 418-425, et des appréciations moqueuses formulées par Zeus sur la déesse, *ibid.*, 428-429.

Le jugement des déesses s'inspire d'une longue tradition qu'avaient popularisée nombre d'écrivains et d'œuvres plastiques ou peintes. Le récit, cependant, en a été surtout inspiré par des œuvres littéraires. Chez Collouthos, les trois divinités ne s'adressent pas

1. Chez Lucien, *Dial. deor.* XX, Pâris est si épouvanté que, dans sa frayeur, il jette sa flûte (XX, 6); il tremble et pâlit (*ibid.* 7) et Hermès se voit obligé de le rassurer : μὴ δέδιθι· χαλεπὸν γὰρ οὐδέν.

au berger dans l'ordre protocolaire, qui voulait que le personnage le plus élevé en dignité prît le premier la parole. A ce compte, il aurait dû les faire parler dans l'ordre que suivent deux écrivains qui, pour des raisons différentes, sont très au courant des usages de la tribune athénienne : Cratinos et Isocrate. Dans le résumé du *Dionysalexandros*, dont un papyrus a conservé le texte [1], c'est Héra qui parle la première, puis Athéna et en troisième lieu Aphrodite, qui emporte la sentence. Il en est de même dans l'*Éloge d'Hélène* d'Isocrate [2] et chez deux mythographes plus récents, Apollodore [3] et Hygin [4]. L'ordre suivi par Collouthos procède d'une tradition différente. Chez Stasinos, en effet, si nous en croyons le résumé des *Cypria* que nous a transmis Proclos [5], et chez Euripide [6] l'ordre suivi est Athéna, Héra, Aphrodite. C'est donc d'Euripide, puisque Collouthos n'a pas connu les *Cypria*, qu'il procède. Mais pour montrer tout de même qu'il connaît l'ordre de préséance des déesses, il a accolé au nom d'Héra, au v. 133, l'épithète de πρωτόθρονος, qu'il trouvait du reste dans Nonnos, *Dion.*, VIII, 166.

Par ailleurs, les discours qu'il attribue à chacune des trois divinités rappellent, dans leurs expressions, les résumés très brefs qu'en donne Isocrate dans l'*Éloge d'Hélène*. L'orateur toutefois ne se contente pas d'en rapporter la substance; il cherche une expli-

1. Grenfell-Hunt, *Oxyrh. papyri*, IV, 1904, p. 71-72, n° 663, col. I, ll. 14-17.
2. Isocrate, *Él. d'Hél.* 41 sqq.
3. Apollodore, *Épit.* III, 2 W.
4. Hygin, *Fab.* 92.
5. Cf. A. Severyns, *Rech. sur la Chrest. de Proclos*, IV, p. 77 s., ll. 86-90.
6. Euripide, *Troyennes* 925-930.

cation rationnelle du choix de Pâris, à qui il donne son nom grec d'Alexandros. Le jugement était difficile, dit-il, parce que l'arbitre improvisé était bien incapable de choisir entre trois beautés égales : s'il fit malgré tout son choix, c'est en considérant seulement les promesses que chacune lui avait faites et, s'il donna la palme à Aphrodite, c'est parce que, pensait-il, son union avec une femme comme Hélène lui assurerait une gloire éternelle et que, étant fille de Zeus, elle conférerait ainsi une noblesse éminente à sa descendance. Ces raisons, qui sont des arguments d'avocat ou plutôt de rhéteur, Collouthos, dont le dessein est tout autre que celui d'Isocrate, n'avait pas à les donner et ne les donne point. Il se contente de reproduire les promesses sans rechercher en sophiste les motifs du choix de Pâris.

Trait charmant, l'appel qu'Aphrodite adresse à ses enfants les Amours pour qu'ils s'empressent autour d'elle ; elle leur demande leur soutien, puis leur confesse ses craintes et ses faiblesses (v. 85-97). Ici le poète se souvient des Alexandrins et des nombreuses pièces de l'*Anthologie* où la troupe ailée des Amours entoure la déesse ; tradition que suivaient ses contemporains Paul le Silentiaire et Agathias le Scholastique et qu'illustrent peintures et mosaïques.

A cet endroit, Collouthos nous transporte en d'autres lieux. De l'antre du Centaure Chiron, où se situait le festin des noces de Thétis et de Pélée (v. 17 et 38), l'*epyllion* nous conduit sur les pentes de l'Ida, où, conformément à la tradition, Pâris garde les troupeaux de son père Priam. C'est l'occasion, pour le poète, de ménager une sorte d'intermède bucolique, dont on trouve ailleurs des modèles. Pâris est un berger assez négligent et plutôt musicien comme l'était le Troyen Anchise, lorsqu'il fut découvert et séduit par Aphrodite (*H. hom. à Aphrodite*, I, 80). Mais, tandis qu'Anchise joue de la lyre, Pâris, comme en général les bergers chez les contemporains de Collouthos, souffle dans sa syrinx. La syrinx en effet est devenue, avec le temps [1], l'instrument désormais obligé des pâtres; les poètes du VIe siècle après J.-C. en font tous l'instrument caractéristique des bergers [2].

Après le prononcé de la sentence en faveur d'Aphrodite, Pâris passe sans délai (v. 192-194) à la construction des vaisseaux qui doivent le conduire à Sparte. Ici, Collouthos suit, à quelques détails près, la tradition qui s'était établie dès l'*Iliade*, V, 59-64; mais, dans l'épopée, Phéréclos n'est que le fils de Tectôn, véritable constructeur des « nefs bien équilibrées » [3]. Toutefois, le texte homérique n'est pas sans quelque ambiguïté : « Ni Phéréclos, dit-il (comme si Phéréclos avait, selon certaines traditions, conduit l'entreprise), ni Troie n'avaient prévu les conséquences désastreuses de la construction des vaisseaux ». Collouthos en déduit qu'Athéna n'avait ni songé ni

1. Déjà Homère, *Il.* XVIII 525 sq. et Apollonios *Argon.* I, 577 attribuent la « syrinx sonore » aux bergers; Achille Tatius, *Leucippé et Clitophon* VIII 6, racontant l'origine de la syrinx, écrit : « Puisque cet instrument est d'usage national chez vous à Byzance, vous savez de quoi je parle. »

2. La syrinx était, à vrai dire, déjà mentionnée dans un passage d'Euripide, *Iph. Aul.* 576-578, à propos de Pâris; mais, selon Fr. Jouan, *Euripide et les chants Cypriens*, p. 100, n. 5, le berger troyen n'est représenté avec la syrinx que sur des monuments figurés d'époque tardive. Pour les auteurs byzantins, v. *Anthol. Pal.* VI, 73 et 77 (Makedonios le Consulaire), 78 (Eratosthène le Scholastique), 82 (Paul le Silentiaire).

3. Traduction P. Mazon; v. en outre sa note au passage (*Iliade*, t. I, p. 177, n. 1).

travaillé à leur construction comme elle l'avait fait pour le navire Argô, ce qui est naturel, puisque le jugement de Pâris l'avait déçue. Pourtant, selon Hygin (*Fab.* 92), qui suit sans doute une autre tradition, la déesse avait voulu rendre Pâris *omni artificio scium.*

Le voyage à Sparte appelle des réserves sur la façon dont Collouthos utilise les renseignements géographiques que ses lectures lui ont fournis. Sa science, sur ce point, est singulièrement hasardeuse, comme sont plutôt fantaisistes les semblants de précision touchant l'itinéraire de Pâris qu'il mêle, à dessein sans doute et pour faire illusion, de digressions érudites. Au lac Ismarien, qui n'est plus aujourd'hui qu'un marécage, mais qu'Hérodote connaissait et qu'il situait entre Maronée et Strymé [1], fait suite dans l'*Enlèvement d'Hélène* le mont Pangée, montagne célèbre dont les contreforts plongent à l'Ouest dans la mer. Collouthos profite du passage de Pâris dans cette région pour raconter brièvement la légende de Phyllis, femme fidèle et touchante de l'Athénien Démophon, fils de Thésée [2]. L'Athénien, après avoir participé à la guerre de Troie, avait promis de revenir chercher Phyllis, qu'il avait épousée lors de son passage en Thrace. Comme il avait été empêché de tenir sa promesse, Phyllis avait, par neuf fois, effectué le trajet entre la ville où régnait son père et la côte,

1. Hérodote, *Hist.* VII, 109.

2. Évoquée encore dans l'*Anthol. Pal.*, V, 265 (Cométas le Chartulaire, VIe siècle) comme une sorte de modèle de la fidélité conjugale; sur la légende de Phyllis, v. Apollodore, *Épit.* VI, 16-17 W.; Hygin, *Fab.* 59; Ovide, *Hér.* II, *Rem. am.* 591-604. Apollonios note de même les tombeaux servant de points de repère à la navigation de Jason; cf. *Argon*, I, 585; III, 911.

pour finir par se suicider en se jetant dans la mer du haut d'un des promontoires du Pangée. Par la suite, l'endroit où la désespérée avait erré s'était appelé les Neuf-Routes. La légende avait eu un grand succès. Collouthos l'a-t-il reprise pour faire d'avance contraste avec l'infidélité d'Hélène ou par pure vanité d'érudit?

La suite du voyage est très abrégée. Collouthos ne cite que la Phthie à laquelle il applique le qualificatif homérique de **βωτιάνειρα,** « nourricière de héros » [1] et Mycènes, région et ville traditionnellement « riches en or ». Richesse humaine et richesse matérielle sont mises en contraste par une antithèse à vrai dire un peu scolaire.

Un passage très obscur et très contesté est celui où il cite « les prairies humides de l'Érymanthe » (v. 221). Collouthos semble mal connaître la Laconie; l'Érymanthe est une montagne d'Arcadie qui n'est pas du tout proche de Sparte. On a voulu trouver à cette erreur une explication : peut-être a-t-il mal compris, selon Letronne, un passage de l'*Odyssée*, VI, 102-103, qui lui a fait croire que l'Érymanthe était voisin du Taygète, montagne qui domine Sparte; peut-être, selon une hypothèse de M. Francis Vian [2], a-t-il été victime d'une réminiscence d'Apollonios de Rhodes, *Argon.*, I, 27-28, où il a cru lire que l'Érymanthe était voisin de Mycènes.

La géographie de la Laconie, comme celle de la Grèce en général, demeure assez vague. Collouthos cite l'« aimable » [3] Thérapné et la très ancienne ville

1. Cf. *Iliade*, I, 155.
2. F. Vian, *R.E.G.*, LXXXII (1969), p. 595.
3. L'épithète provient de l'*H. hom. à Apollon*, I, v. 477; pour Thérapné, v. P. Roussel, *Sparte*, Paris, de Boccard, 1939, p. 21.

d'Amyclées, ce qui lui permet de montrer encore son érudition. A propos d'Amyclées, il rappelle la légende d'Hyacinthe, l'éromène d'Apollon tué par un disque qu'avait lancé le dieu au cours d'un exercice gymnique et dont le vent avait fait dévier la trajectoire [1]. Et, comme on pouvait s'y attendre, suit l'évocation de la fleur sur les pétales de laquelle les anciens voyaient soit le dessin d'un Y, initiale du nom de l'infortuné ou les deux lettres AI, qui sont aussi une exclamation de douleur.

La description de Sparte « ville des belles femmes » selon une épithète traditionnelle [2], renferme, à côté d'erreurs, quelques détails exacts : il y avait bien à Sparte un sanctuaire célèbre d'Athéna, celui d'Athéna **Χαλκίοικος**, dont le temple était de bronze ou orné de bronze, mais dont l'idole n'était pas en or; il y avait aussi, nous dit Pausanias [3], un temple d'Apollon Carneios. Mais, en dehors de ces deux détails, le reste des traits évoquant Sparte reste assez conventionnel.

Si l'on passe à la scène de la séduction d'Hélène, on ne peut que noter encore un désir manifeste de faire bref. Le poète néglige de signaler au moment opportun l'absence de Ménélas, à laquelle il ne fera allusion que bien plus tard [4]. L'entrevue de Pâris avec celle qu'il va enlever est racontée sur un ton précieux. Collouthos retrouve, à cette occasion, les accents parfois un peu mièvres de l'alexandrisisme.

1. Pour la légende d'Hyacinthe, v. Ovide, *Métam.* X, 169-219; Apollodore *Bibl.* I, 3, 3 (16-17 W.); Pausanias III, 19,4 sqq.; Lucien, *Dial. deor.*, 14; Nonnos, *Dion.* III, 153 sqq.
2. Épithète de Sparte dans *Od.* XIII, 412.
3. Athéna Χαλκίοικος, Paus. III, 17, 2; Apollon Carneios, Paus. III, 13, 4.
4. Au v. 382.

Si le ὡς ἴδεν, ὣς ἐκάλεσσε du v. 255 est un souvenir assez heureux de l'énergique ὡς ἴδον, ὣς ἐμάνην des *Magiciennes* de Théocrite [1], les mondanités gracieuses qu'échangent le séducteur et sa conquête font penser à la courtoisie du taureau divin que Moschos nous dépeint dans son *Europè* [2]. Comme Collouthos n'a aucun souci de réalisme, il oublie les traits, moins nobles, qu'ont notés chez le beau Pâris plusieurs poètes et mythographes, par exemple, la richesse barbare de son costume exotique, comme il omet de signaler qu'Hélène s'enfuit en emportant une partie des trésors de Ménélas. Pâris est un séducteur élégant, qui veille à ne pas souiller de poussière ses pieds nus et à ne pas laisser le vent d'une course trop précipitée emmêler sa chevelure. Après le motif traditionnel du regard insatiable que l'amoureux jette sur l'objet de son amour [3], le poète prête à Hélène des propos que pourrait tenir une dame du monde à un inconnu qui lui serait présenté à l'improviste. L'épouse de Ménélas demande à Pâris qui il est et d'où il vient, comme Arété, l'épouse d'Alkinoos, l'avait demandé à Ulysse, lors de leur première entrevue; mais tandis qu'Arété ne s'aventure pas plus loin [4], Hélène, avec l'élégance un peu affectée d'une grande dame, exprime son étonnement de ne pas connaître l'étranger; et Collouthos de lui faire énumérer avec complaisance et non sans une certaine fantaisie, quelques-uns des

1. Théocrite II, *Magiciennes*, 82.
2. Moschos, *Europé*, 84-88 et 94-98; cf. Ph. E. Legrand, *Buc. grecs*, Paris, Belles-Lettres, t. II, p. 142.
3. Cf. Euripide, *Iph. Aul.* 583; Xénophon d'Éphèse, *Ephésiaques* I, 3, 1; Nonnos, *Dion.* XLII, 47; Musée, *Héro et Léandre*, 78, etc.
4. Cf. *Od.* VII, 237-238.

héros dont elle a fait jadis la connaissance et les grandes familles dont ceux-ci étaient issus. Certes, l'esprit aristocratique qui se révèle dans ces propos n'est pas tout à fait étranger aux personnages homériques; mais Collouthos nous en donne une idée qui rappellerait plutôt la politesse qui régnait en son temps à la cour de Constantinople, éprise d'étiquette et de cérémonies. Dans l'*Odyssée*, en effet, Ulysse raconte sa captivité dans l'île de Calypso, mais sans tirer aucune vanité de ses origines, et Arété n'étale pas plus ses relations qu'au chant VI Nausicaa ne vante sa naissance royale. Homère sait rester discret, là où Collouthos cherche à montrer, avec son érudition, son sens des convenances mondaines. L'inspiration homérique semble donc certaine, mais, sous l'influence des mœurs et des idées du temps, combien affadie !

Nous voici parvenus à la dernière partie du poème, probablement la plus intéressante, parce qu'en apparence la plus personnelle. Brusquement [1], l'auteur abandonne Hélène et Pâris, au moins pour un temps, afin de concentrer l'attention du lecteur sur la victime innocente de l'événement, la petite Hermione. Nous retrouvons là le goût qu'avaient déjà les Alexandrins pour le pathétique qu'on éveille si aisément lorsqu'on décrit l'enfance délaissée ou persécutée [2]. Théocrite avait montré le petit Héraclès en danger devant les serpents envoyés par Héra et, par le ton familier de

1. Simple liaison par δὲ au v. 326.

2. On notera la multiplicité des expressions et des gestes pathétiques : Hermione rejette son voile (326) ; elle est toute en pleurs (πολύδακρυς, 327 et 385) ; elle pousse les cris les plus aigus (ὀξύτατον βοόωσα, 329) ; elle est toute gémissante (πολύστονον, 330) ; elle verse des larmes (δάκρυ χέουσα 331) ; elle gémit (στενάχουσαν, 335) ; elle pleure (δακρύσασα 346).

son récit, avait su émouvoir le lecteur et transposer la mythologie en scènes de genre émouvantes comme certains aspects de la vie quotidienne [1]. C'est ce que fait aussi Collouthos. Avec l'épisode d'Hermione, l'*epyllion*, qui n'est jamais très épique, se rapproche de récits où le merveilleux disparaît derrière la peinture des réalités ordinaires, comme, jadis, dans l'*Hécalé* de Callimaque [2]. Fille unique de Ménélas selon l'*Iliade* et l'*Odyssée* [3], Hermione n'avait que neuf ans, d'après Apollodore [4], lorsque sa mère l'avait abandonnée. Collouthos nous la montre incapable de croire à la trahison de celle qui lui a donné la vie : l'idée d'une telle défaillance ne lui effleure même pas l'esprit; après une journée et une nuit entière de recherches, elle s'endort, épuisée; mais même le rêve qu'elle fait, peu avant son réveil [5], ne lui présente nullement une mère coupable : Hélène a été enlevée par un fourbe. Après quoi, la fillette, prenant à Sparte la place de Ménélas, s'écrie, par un mouvement vrai, que son palais, son palais à elle, a perdu ce qui en faisait le charme. Si ce dernier trait est original, et s'il convient d'en attribuer le mérite à Collouthos, il n'en reste pas moins que plusieurs autres détails, dans l'ensemble de l'épisode, semblent venir de Nonnos. Les angoisses

1. Ph. E. Legrand, *Buc. grecs*, Paris, Belles-Lettres, t. I, p. 169 (notice de l'*Herakliskos*).

2. Cf. Musée, *Héro et Léandre*, Paris, Belles-Lettres, 1968, *Introd.* p. XIII.

3. *Il.* III, 174-175; *Od.* IV, 13-14; Tryphiodoros, *La prise d'Ilion*, 493-494.

4. Apollodore, *Épit.* III, 3, 7 W.

5. Donc à un moment favorable aux songes véridiques; cf. Quintus de Smyrne, éd. F. Vian, Paris, Belles-Lettres, 1963, p. 19, n. 4. Sur les deux portes des songes, cf. *Od.* XIX, 562-567, passage dont s'inspire Collouthos.

d'Érigoné, au livre XLVII des *Dionysiaques*, paraissent en effet avoir servi de modèle à celles que manifeste Hermione dans l'*Enlèvement d'Hélène*: les divers motifs des deux récits offrent un certain nombre de points communs, soulignés par la quasi-identité des expressions.

Au lever du jour, Hermione est d'abord inquiète devant l'absence de sa mère, qui l'a laissée seule dans le lit où elles s'étaient endormies côte à côte [1]. Les servantes, réveillées par ses gémissements, cherchent à la calmer en la rassurant [2]. Mais la petite fille proteste et passe sa journée à chercher sa mère [3]; après une nuit de sommeil, le rêve qu'elle fait excuse la fugitive [4]. Hermione, alors, prie les oiseaux d'avertir Ménélas, dont le poète nous apprend seulement à ce moment-là qu'il se trouve en Crète [5]. Chez Nonnos, le récit est légèrement différent. Le point de départ est tout autre, comme la conclusion; mais le corps de la narration est analogue. C'est l'apparition du mort, son père Icarios, qui réveille Érigoné : au cours d'une beuverie à laquelle il a invité ses voisins, le vieux paysan attique, ayant reçu de Dionysos un breuvage nouveau, le vin, le fait goûter à ses commensaux; ceux-ci sous l'effet d'une ivresse qui les a surpris, tuent Icarios [6]. L'âme du vieillard assassiné sort de l'Hadès, va réveiller sa fille Érigoné en pleurs [7], raconte à celle-ci le meurtre dont il a été victime et réclame vengeance. La jeune fille se met à la recherche,

1. Coll. 326-339.
2. *Ibid.*, 336-345.
3. *Ibid.*, 347-362.
4. *Ibid.*, 363-377.
5. *Ibid.*, 379-384.
6. Nonnos, *Dion.* XLVII, 116-147.
7. *Ibid.*, 148-186.

« dans la forêt » (v. 205), du cadavre de son père, pour l'ensevelir. Après avoir interrogé en vain un chevrier, un bouvier et un vieux berger, elle découvre, avec l'aide d'un paysan, le cadavre du vieillard [1]. Elle s'abandonne à de violentes manifestations de douleur [2], puis va se pendre à un arbre voisin [3]. Détail familier et touchant, son chien fidèle ne l'abandonne pas et meurt auprès d'elle [4]. Nonnos a donc raconté lui aussi une histoire très pathétique, mais qui s'achève finalement en conte merveilleux. Érigoné est métamorphosée en une constellation, la Vierge, placée par Zeus dans le ciel, près de la constellation du Chien [5]. Nonnos conduit ainsi son lecteur vers un mythe astronomique; mais, notamment dans le récit du désarroi d'Hermione et dans la description de ses recherches, il semble bien que Collouthos se soit souvenu de l'épisode conté par son maître.

Il y a, entre les deux poèmes, des similitudes d'expression assez probantes. Ainsi, alors que Nonnos écrit en XLVII, 192, παρθένος ἀχνυμένη κινυρῇ βρυχήσατο φωνῇ, Collouthos reprend au v. 380, ὀξυτέρῃ πολὺ μᾶλλον ἀνεβρυχήσατο φωνῇ. Collouthos, entre autres questions que pose Hermione, fait dire à celle-ci au v. 330 : πῇ με λιποῦσα πολύστονον ᾤχετο μήτηρ; Nonnos met des questions analogues et en termes semblables, dans la bouche d'Érigoné : *Dion.*, XLVII, 196 πῇ μοι ἐμὸς γενέτης γλυκὺς οἴχεται; Chez Nonnos (v. 193), Érigoné interroge les collines du voisinage, πῇ νέκυς Ἰκαρίοιο, φίλαι, φθέγξασθε, κολῶναι ; Chez

1. *Ibid.*, 187-213.
2. *Ibid.*, 214-222.
3. *Ibid.*, 223-228.
4. *Ibid.*, 229-245.
5. *Ibid.*, 246-264.

Collouthos, au v. 348, Hermione interroge les servantes qui l'entourent : τί μοι φθέγγεσθε, γυναῖκες; Les deux poètes emploient le même verbe pour désigner les errances possibles des deux disparues : Nonnos, *Dion.*, XLVII, 198, fait demander à Érigoné ἦ ῥα... πλάζεται; et Hermione au v. 352 de l'*Enlèvement d'Hélène*, questionne : πλαζομένην θῆρές σε κατέκτανον;

A noter encore l'emploi, chez l'un et chez l'autre, du mot γενετήρ pour désigner le père : *Dion.*, XLVII, 194, 204, 206 (γενετῆρος et γενετῆρι) et Collouthos, v. 373, γενετῆρος. En outre certains motifs sont identiques : ainsi, les deux poètes se livrent à des hypothèses analogues sur la cause du retard de l'absent : chez Nonnos, *Dion.*, XLVII, 198-200, Érigoné se demande si Icarios ne s'est pas attardé à festoyer chez quelque bouvier (ce qui prouve que, malgré son rêve, elle ne peut croire à la mort du disparu). Chez Collouthos (v. 340-345), les servantes expliquent à Hermione angoissée qu'Hélène s'est sans doute rendue à quelque assemblée de jeunes femmes et qu'elle a pu s'attarder ainsi sur les bords de l'Eurotas. Sans parler des réminiscences formelles comme certaines réminiscences de mots, les points de contact des deux récits sont assez nombreux pour qu'on puisse affirmer que, même dans la partie où Collouthos semble le plus original, l'histoire d'Hermione, il s'inspire encore de Nonnos [1].

Après cela, le poète n'avait plus qu'à conclure. Il le fait en quelques vers d'une densité plutôt rare chez lui. Il est vrai que lorsqu'il montre Cassandre s'arrachant les cheveux et jetant loin d'elle son voile

1. Comme à propos des noces de Thétis et de Pélée, p. XI *supra*.

brodé d'or, il songe peut-être à la scène de l'*Agamemnon* d'Eschyle, v. 1264-1270, où la jeune fille arrache et jette à terre, avec violence, ses attributs de prophétesse. En tout cas, la brièveté voulue de cette conclusion a de la force, comme en a, tout à la fin de l'*epyllion*, la réflexion désabusée qui évoque l'inconscience de Troie.

On retiendra de cette analyse des sources que, si Collouthos connaît en particulier Homère et surtout Nonnos, il n'ignore pas les auteurs, classiques ou hellénistiques, qui ont touché le sujet et il les a utilisés, comme l'y autorisait la μίμησις qui, en poésie, était de règle dans l'Antiquité. Au total, on pourrait appliquer à peu près à l'*Enlèvement d'Hélène* ce que Garzya et Loenertz écrivent en conclusion de leur édition des *Lettres et Exercices oratoires* (μελεταί), de Procope de Gaza [1]: tel qu'il est, le poème... « a peu de valeur, soit artistique, soit simplement littéraire. Mais il peut intéresser comme document d'une culture et d'un milieu intellectuel », celui des γραμματικοί du VIe siècle après J.-C., héritiers lointains d'Homère et des Cycliques. Et ce n'est pas un mince sujet d'admiration que cette persistance, à travers une quinzaine de siècles, de l'influence de ces vieux poètes, jusqu'aux ouvrages les plus tardifs de la littérature grecque, fruits d'une époque où le paganisme a déjà fait place à une religion et à des exigences morales nouvelles.

Le vers. La métrique de Collouthos n'a plus la souplesse et la liberté de celle d'Homère. Le poète obéit en général, mais pas toujours,

1. V. Garzya-Loenertz, Procope de Gaza, *Epistulae et declamationes*, Ettal 1963, p. XXXVI.

aux règles que s'impose Nonnos dans les *Dionysiaques*.

En général, son vers, comme celui de Nonnos, se caractérise par l'abondance des dactyles. On trouve cependant chez lui des vers spondaïques, c'est-à-dire des vers où le dactyle cinquième est remplacé par un spondée, qu'excuse quelquefois l'emploi d'un nom propre (v. 21, 27, 69, 179, 194, 212, 222), mais qui peut être constitué aussi par un substantif ou une forme verbale : v. 71 ἡϐητῆρα, 246 ἡϐητῆρος, 325 ἰωχμωοῖο, 65 λήίζεσθαι, 154 γυμνώσασα, 385 φωνήσασα. C'est là un des points sur lesquels il se sépare tout à fait de Nonnos, qui n'a pas un seul vers spondaïque [1].

Collouthos termine d'ordinaire ses vers par des paroxytons, mais il admet les oxytons de deux ou de trois syllabes, ex. : 133 δειρήν, 175 ἀρωγόν, etc [2]. Par ailleurs, s'il évite, en fin de vers, les proparoxytons de trois syllabes [3], il admet en revanche ceux de quatre (v. 32, 39, 69, 120, 154, 187, 203, 222, 239, 245, 248, 309, 385) et même de cinq syllabes (216), en quoi il se sépare encore de Nonnos.

La césure est toujours penthémimère, soit masculine, soit féminine. La penthémimère masculine prend place habituellement après un paroxyton ou un propérispomène, selon la règle établie par Tiedke. Seules exceptions : v. 119 χλοερῆς, v. 133 γλαυκῶν, v. 347 ποταμῶν ; v. 331 ἐμοί, v. 378 μολών.

1. Homère a 4,6 % de vers spondaïques, Collouthos arrive à 3,3 %, ce qui constitue une réaction contre l'usage de Nonnos.

2. Nouvelle différence avec Nonnos, qui admet en fin de vers des mots comme δειρήν, oxyton à finale longue (cf. *Dion.* XXXVI, 175 σειρή; 223 ὁρμήν) mais non les oxytons à finale brève, comme ἀρωγόν, v. 175.

3. C'est pourquoi, entre autres raisons, la leçon θάλασσα, que les manuscrits donnent à la fin du v. 206, est inadmissible ; cf. Wifstrand, *Von Kallimachos zu Nonnos*, Lund, 1933, p. 76.

Ordre et nombre des mots. — Pour la disposition et le nombre des mots dans le vers, Collouthos s'inspire aussi de Nonnos. Par exemple, il sépare volontiers le qualificatif (épithète ou attribut) qu'il met au début du vers, et le substantif qu'il rejette à la fin du vers. Cette forme de vers, qualifiée par Wifstrand de « nonnienne » [1] se retrouve aux v. 14 **Ἰδαίης ...Φαλάκρης**, 18 **νυμφιδίων ...ὑμεναίων**, 39 **χρυσείοις... πλοκάμοισι** 50 **χθονίων ...βερέθρων**, 109 **ποιμενίη ...καλαῦροψ**, 211 **Ἰσμαρίδος ...λίμνης**, 381 **ἠερίης ...γενέθλης**.

Pour le nombre des mots, à signaler un vers de trois mots, le v. 21, et vingt-six vers de quatre : 5, 18, 19, 29, 32, 58, 69, 100, 128, 140, 152, 182, 185, 187, 194, 196, 203, 216, 234, 239, 245, 248, 274, 327, 335, 357.

L'impression dernière laissée par une telle versification, soumise en général aux règles établies par Nonnos, avec lesquelles Collouthos a cependant pris quelquefois d'assez grandes libertés, est celle d'une laborieuse monotonie.

L'expression. *L'Enlèvement d'Hélène* est écrit dans la langue archaïsante dont la tradition remonte aux poèmes homériques. Toutefois, le

1. Wifstrand, *o.c.*, p. 137, prétend n'en avoir trouvé que six exemples dans Musée; il y en a en réalité le double; v. *Héro et Léandre*, v. 129, 147, 244, 285, 290, 292, 294, 296, 303, 313, 322, 340. Chez Théocrite et les Bucoliques on ne trouve pas de vers de ce genre. Le fragment d'Euphorion 51 Powell en renferme deux ; c'est de ce poète que cette forme de vers est sans doute passée chez les *cantores Euphorionis* latins et notamment dans le *Carmen* LXIV de Catulle (*Noces de Thétis et de Pélée,*) v. 5, 13, 54, 72, 77, 99, 125, 128, 173, 211, 234, 240, 250, 265, 306, 310, 314, etc.).

modèle suivi par Collouthos n'est pas, sauf exception, Homère lui-même, mais la plupart du temps des auteurs plus récents comme Apollonios de Rhodes et surtout Nonnos, à qui, comme les autres poètes épiques contemporains, il emprunte une foule de tours et de mots : vers entiers, hémistiches ou vocables isolés.

Le poète appliquait ainsi un procédé courant dans la poésie épique grecque, la μίμησις, l'imitation. Celle-ci, la plupart du temps, ne se réduisait pas à une pure et simple copie du modèle qui en eût fait un plagiat. Elle avait ses lois et suscitait d'autant moins de reproches qu'elle pouvait passer pour une sorte d'hommage rendu à des maîtres consacrés. Le poète, d'ordinaire, s'ingéniait à introduire quelque variante qui permît d'adapter l'emprunt au contexte et de lui trouver un emploi nouveau [1]. Ainsi, d'un vers se rapportant chez le modèle à une circonstance précise, l'imitateur, grâce à un léger changement, pouvait faire une maxime générale. C'est le cas d'un vers de Nonnos, *Dion.* XL, 27 qui concerne Cheirobié, femme courageuse de Morrheus, général et gendre du roi Indien Dériadès; à propos du Caucase, où il a proposé d'aller chercher un renfort d'Amazones contre l'armée des Bacchantes, conduite par Dionysos, Morrheus déclare que c'est un pays où πολλαὶ | Χειροβίης πολὺ μᾶλλον ἀριστεύουσι γυναῖκες, « une multitude de femmes l'emportent de loin sur Cheirobié ». Collouthos reprend les termes de Nonnos et les combine avec ceux qui se trouvent dans un autre passage,

1. Ex. : *Dion.* X, 111 ~ Coll. 159; *Dion.* XIII, 20 ~ Coll. 51; *Dion*, IV, 337 (le géant Damasène) ~ Coll. 182 (Athéné). Pour Apollonios, comparer *Argon.* I, 1230 ~ Coll. 248; *Argon.* I, 33 ~ Coll. 78, etc...

Dion. XXXIV, 323, μελίης πολὺ μᾶλλον ἀριστεύουσι παρειαί, « les joues (de la personne aimée) l'emportent de beaucoup sur la lance de frêne », c'est-à-dire sont plus puissantes qu'une arme ; il obtient ainsi un vers nouveau où Χειροβίης et μελίης sont remplacés par ἀγλαΐῃ (v. 162), ἀγλαΐῃ πολὺ μᾶλλον ἀριστεύουσι γυναῖκες. Le sens général est celui de *Dion.* XXXIV, 323 ; mais la plus grande partie de l'expression vient de *Dion.* XL, 27.

Parfois, l'imitation est en opposition nette avec le modèle [1]. Ainsi, la formule finale du v. 116 de Collouthos οὐ μυκήσατο ταῦρος reproduit littéralement une fin de vers de Nonnos, *Dion.* II, 633. Mais ταῦρος n'est plus un terme géographique désignant la chaîne de montagnes « mugissant » sous les coups de tonnerre d'un violent orage ; c'est simplement un taureau qui, dans un troupeau « s'abstient de mugir », tant il est charmé par le son de la syrinx de Pâris. De tels rappels, qui supposent que le poète est des plus familiers avec l'œuvre de son modèle, ne peuvent être perçus, avec un sourire amusé, que par des lecteurs érudits.

D'autres fois transparaît dans l'imitation une sorte d'humour. Ainsi Collouthos, ayant remarqué que Nonnos, sur le point d'émettre une idée hardie, en demande pardon d'avance à un dieu, à un héros, à un homme ou même à une abstraction [2], imite son modèle avec une pointe de malice, lorsqu'il réclame l'indulgence de Dionysos, héros des *Dionysiaques*, doté

1. Sur l'*oppositio in imitando*, v. Giangrande, *Classical Quarterly*, 1967, p. 85.

2. V. *Dion.* IV, 50 ; VIII, 73 ; X, 314 ; XXIX, 115, 135 ; XXX, 287-288 ; XLVIII, 361, etc... cf. P. Orsini, *De Nonnos à Collouthos*, *Pallas* XVI, 1968, p. 22.

par Nonnos de toutes les perfections, pour déclarer que Pâris est encore plus beau que lui [1].

Si ces emprunts sont en général réussis, il faut avouer cependant que tous ne sont pas heureux. Ainsi, au v. 17, la transition ὣς ὁ μὲν ne se justifie pleinement que s'il y a auparavant un récit ou un développement que l'on résume. Il en est de même pour le εἰπὲ καὶ ἡμῖν du v. 266, qui convient seulement au passage de l'*Odyssée*, I, 10, d'où il a été tiré (« raconte-moi, à moi aussi », c'est-à-dire comme aux autres aèdes), mais non aux premiers mots qu'Hélène adresse à Pâris, lorsqu'il se présente devant elle.

Collouthos, poète savant, ne se contente pas de ces imitations, aussi spirituelles qu'elles soient. Il emprunte à Homère ou à Nonnos des formes rares, ἅπαξ ou δὶς λεγόμενα, telles que μηλοβοτήρ, (5 et 138), ἀήθης (7), βέρεθρος (50), ἀσπιδιώτης (58), κτέρας (67), ἐδάη (243), ἔδραθεν (332), etc...

Pour donner encore plus de richesse apparente à son expression, il pratique volontiers, toujours comme Homère et Nonnos, la redondance. Celle d'ἔδραθεν ὑπνώουσα est choquante, certes; mais on en trouve d'analogues chez Homère, *Il.*, XIV, 81 ὅς φεύγων προφύγῃ imité lui-même par Euripide, *Phénic.* 1216 ἢν μή γε φεύγων ἐκφύγῃς. Λωιτέρην Καὶ ἐμείνονα du v. 80, vient tout droit de l'*Odyssée*, I, 376. Les autres redondances (v. 38 οὐκ ἀλέγιζε — οὐκ ἐμπάζετο; 105-106

1. Humour encore que le rapprochement de *Dion.* I, 398 γάμου πρωτόσπορος ἀρχή (germe originel du mariage) et de Coll. 62 μόθου πρωτόσπορον ἀρχήν (germe originel du conflit); cf. πλάζετο μαστεύουσα, où, dans *Dion.* VI, 299, il s'agit d'une baleine qui, surprise par le déluge, erre à la recherche d'une grotte où s'est réfugiée une lionne, tandis que, dans Coll. 45, le sujet est la déesse Éris !

πεμπάζετο — διεμέτρεε; 185 ἁρμονίης ἀδίδακτος, ὁμοφροσύνης ἀδαήμων) ont aussi des équivalents assez nombreux chez Nonnos [1].

Enfin, l'*Enlèvement d'Hélène* ne renferme qu'une comparaison un peu développée à la manière homérique, celle où le poète compare la déesse Éris à la génisse que harcèle un taon. En général, comme les Nonniens, à la comparaison il préfère la métaphore. Ex. : 35 et 58, σιδήρεος (épithète appliquée deux fois à l'impitoyable Arès); 85 περιπτύξασθε; 96 οἶστρος, aiguillon (de l'amour); 102 λιθοκρήδεμνον (au bandeau de pierre, c'est-à-dire surmonté d'une paroi de pierre); 181 ῥίζα (σιδήρου); 321 θρέπτειραν ὀνείρων (nourrice des songes); 325 φορτὸν ἰωχμοῖο (une cargaison de guerre), 336 εὔνασον (endors, c'est-à-dire apaise).

Dans une œuvre assez brève, qui interdisait une richesse excessive de vocabulaire, le poète cherche et réussit malgré tout à donner au lecteur une impression relative d'abondance et de variété.

III

LE TEXTE

La tradition manuscrite.

Entre le VIe siècle, où a été composé l'*Enlèvement d'Hélène*, et le Xe ou XIe siècle, date de notre manuscrit le plus ancien, le *Parisinus suppl. graec.* 388 (= M), l'histoire de la tradition nous échappe. L'*epyllion* dut

1. Ex. : *Dion.* XXXVII, 17 καὶ πολλὴ τετάνυστο (restait étendu) πίτυς, καὶ ἐκέκλιτο (était renversé) πεύκη; cf. encore XLII 143 et 147 (en 143, répétition de ἔτρεμε + accus., en 147, répétition de δείδιε + accus.); XLII, 130 σκοπίαζεν; 133 ἐδόκευε etc.

être copié plusieurs fois pendant cette période; il est donc peu probable qu'il ait traversé ces quatre ou cinq cents ans sans que le texte ait subi des altérations.

Les premiers manuscrits de Collouthos étaient écrits en onciales, comme c'était l'usage et comme le supposent certaines fautes de transcription; par ex. v. 60 ΙΔΟΥCΑ que donne la copie la plus ancienne, M, au lieu de l'ΕΛΟΥCΑ des *recentiores*; v. 316 ΝΥΝ, texte de M, pour ΝΥΞ, fourni par les mêmes *recentiores* et, *ib.* ΜΕΤ, donné par ceux-ci, tandis que M porte ΜΕΓ. Nos deux familles de manuscrits sont nées d'un ancêtre commun en onciales dont le texte était déjà gravement altéré.

La première est représentée par le *Paris. suppl. gr.* 388 (M), mentionné plus haut et généralement daté du xe ou du xie siècle. Bekker, qui l'a utilisé le premier dans son édition de 1816, croyait qu'il provenait de la bibliothèque des Este, à Modène; aussi l'a-t-il baptisé *Mutinensis*, d'où le sigle M qui le désigne d'ordinaire. Il provient en réalité de la bibliothèque capitulaire de Vérone. Apporté en France au début du xixe siècle, pendant les guerres napoléoniennes, il se trouve à l'heure actuelle à la Bibliothèque nationale de Paris. Dans ce recueil, très composite, l'*Enlèvement d'Hélène* se trouve entre des vers du Pseudo-Phocylide et deux épigrammes d'Antipater sur la vie d'Homère.

Le copiste de Collouthos ne disposait, semble-t-il, comme modèle que d'un exemplaire en fort mauvais état. Il y manquait les vers 129, 135, 139-142, 246, 284 et 301; de plus, certains mots devaient être indéchiffrables près de la marge de droite, comme aux vers 111 (ἀοιδήν), 189 ('Αθήνην ou 'Αθήνῃ). Ailleurs, lisant avec difficulté son modèle, le copiste a mal coupé ou mutilé d'autres mots : par ex. v. 54 κατο πτευ τῆρι, v. 102 (fin du vers) ερ..., v. 136 μειλ ν εντα, v. 213 φίλην ὄρος, v. 309 οἶον ὁμολιοιγύπνοον.

La deuxième famille remonte à un prototype différent de M, mais de valeur égale, et parfois supérieure. Il s'agit d'un *codex* découvert, selon une notice de l'*Ambrosianus Q* 5 *sup.* (= B), par le cardinal Bessarion au monastère de Saint Nicolas de Casole en Calabre, près d'Otrante, au même endroit que l'*Hydruntinus* renfermant les *Posthomerica* de Quintus de Smyrne.

Ce manuscrit, que nous désignerons par le sigle *b*, peut être reconstitué à partir des leçons données par ses descendants, qui datent tous du xve ou du xvie siècle. Il omettait les v. 48, 67^b^, 102, 199-200, 239^b^-240^a^, 263-264 et 269, omissions qui ne concordent pas avec celles qu'on relève dans M. Le copiste de *b* travaillait cependant sur un texte en général mieux conservé que celui de M, mais il le corrigeait plus fréquemment que ce dernier. Le résultat en est que, si *b* est parfois meilleur que M auquel Bekker a accordé la prééminence, chacune des deux familles a ses mérites. M corrige moins, et, à cet égard, il est plus digne de foi; mais *b*, s'il corrige plus souvent, dérive d'un exemplaire en meilleur état, et dans ce cas, il est préférable. Ajoutons que M a eu un reviseur M^b^ qui a corrigé le texte en utilisant un manuscrit de la seconde famille.

Grâce à la bienveillance de l'Association Guillaume-Budé, nous avons pu disposer des microfilms du *Parisin. suppl. gr.* 388 (= M), et des *recentiores* les plus usités soit l'*Ambrosianus Q 5 sup.* (= B), le *Parisin. suppl. gr.* 109 (= C), le *Laurentianus* XXXI, 27 (= D), le *Neapolitanus* II F 17 (= E) et le *Marcia-*

nus app. gr. IX, 1 (= K). Pour les *Parisini gr.* 2600 (= A) et 2764 (= G) nous avons utilisé les fac-similés de l'édition Julien, qu'a bien voulu nous prêter la Faculté des Lettres et Sciences humaines de Nancy; une comparaison minutieuse du fac-similé du *Parisinus gr.* 2764 et de la photographie du *Marcianus app. gr.* IX, 1 montre que le second, selon toute vraisemblance, n'est qu'un apographe du premier, dont il copie les variantes et les corrections avec une précision « photographique ». Renseignements pris auprès du Professeur Mioni, directeur du séminaire de grec de l'Université de Padoue et spécialiste des manuscrits de Venise, le *Marcianus app. gr.*, IX, 1 serait de la main d'Ange Vergèce, copiste de François Ier.

Je tiens à remercier, pour finir, tous ceux qui m'ont aidé à éditer un texte qui, défiguré en maints endroits par les « exercices critiques » de nombreux philologues modernes, reste, selon l'avis de P. de Nolhac, « un des plus difficiles à établir que l'Antiquité nous ait laissés »[1].

Les éditions. L'*Enlèvement d'Hélène* a eu, depuis le XVIe siècle, de nombreuses éditions et a fait l'objet, de la part des philologues, de multiples travaux; le texte a servi à une foule d'« exercices critiques » jusque dans les temps modernes et les conjectures surabondent; nous les avons rarement retenues dans le texte et nous ne donnons que les meilleures dans l'apparat critique.

L'*editio princeps*, anonyme, est sortie des presses des Alde à Venise, vers 1504-1505. Henri Estienne a introduit l'*epyllion* de Collouthos dans son *Corpus poetarum graecorum principum*, édité à Paris en 1556.

1. *Revue critique* XV (1881) p. 49.

Michel Neander le publie à nouveau, avec une traduction latine, dans la deuxième partie de son *Opus aureum*, paru à Bâle en 1559. Les principales éditions sont, au XVIIe siècle, celle d'Émile Portus à Genève (1609), qui reproduit de courts extraits des notes de Neander, au XVIIIe, celles du Hollandais Daniel A. Lennep, à Leeuwarden (1747), de l'Italien Bandini (avec traduction par Salvini) à Florence (1765), de l'Allemand Harles à Nuremberg (1776). Au début du XIXe siècle, en 1816, paraît à Berlin, chez Reimer, l'édition de Bekker qui, pour la première fois, utilise le manuscrit M (*Paris. suppl. gr.* 388), dont il a reconnu la valeur. Suit l'édition de Stanislas Julien, publiée à Paris chez Eberhart en 1822 et comportant avec plusieurs traductions du poème, en anglais (de Sherburne), en allemand (de Kuetner), en espagnol (de Garcia) et en italien (de Salvini), les fac-similés, exécutés par l'auteur, de deux manuscrits, le *Parisinus gr.* 2764 (XVe siècle) et le *Parisinus gr.* 2600 (XVe siècle); puis viennent les éditions de Lehrs (collection Didot, Paris, 1839), d'Abel (Berlin, 1880), de Weinberger (Leipzig, 1896), de Mair (Londres, 1928), de De Lorenzi (Naples, 1943), enfin d'E. Livrea (Bologne, 1968) avec traduction, commentaire et lexique.

P.S. — *L'auteur se doit enfin d'exprimer à son réviseur, M. le doyen Vian, ses plus vifs remerciements pour le zèle attentif avec lequel il a accompli une tâche difficile; les remarques et les suggestions que, grâce à sa connaissance approfondie de la poésie épique grecque, il lui a adressées, lui ont été en particulier d'un inestimable secours.*

SIGLA

X codd. omnium communis stirps.
M Parisinus suppl. gr. 388, saec. X uel XI.
b Bessarionis codex deperditus e quo fluxerunt :

M*b* Parisini suppl. gr. 388 manus altera.
A Parisinus gr. 2600, saec. XV.
B Ambrosianus Q 5 sup. (gr. 661), saec. XV.
C Parisinus suppl. gr. 109, saec. XV ex.
D Laurentianus XXXI, 27, saec. XV ex.
E Neapolitanus II F 17, saec. XV ex.
G Parisinus gr. 2764, saec. XV ex.
K Marcianus app. gr. IX, 1 (coll. 1223), saec. XVI in.

M, ABCDEGK ubicumque respiciuntur.

Aliquando etiam citatur :
L Vaticanus gr. 1351, a. 1498.

COLLOUTHOS

L'ENLÈVEMENT D'HÉLÈNE

Nymphes de Troade, filles du fleuve Xanthe, qui maintes fois abandonnez sur les grèves paternelles les bandeaux enserrant vos tresses et les jouets sacrés dont s'amusent vos mains, avant d'aller vous parer pour danser aux rondes de l'Ida, accourez, quittez le fracas du fleuve et racontez-moi quels furent les sentiments du pâtre arbitre et ce qui le fit descendre des montagnes pour s'en aller sur la mer inhabituelle, tout ignorant qu'il fût des travaux du marin; quelle fut l'occasion qui amena les vaisseaux, origines du malheur, grâce auxquels terre et mer furent bouleversés par un bouvier; quelle fut la prime origine d'un conflit où l'on vit des pasteurs prononcer entre des immortels; quel fut le jugement; qui apprit au berger le nom de la jeune épousée argienne [1]. N'êtes-vous pas venues vous-mêmes contempler sous le pic à trois têtes de la Phalacré [2] Idéenne le berger Pâris

1. νύμφης 'Αργείης : Hélène. 'Αργείης est l'équivalent de Grecque.

2. Phalacré, une des cimes de l'Ida. Τρικάρηνον est une conjecture de Neander, fondée sur la scholie A à *Il.* XIV, 284 : τρία δὲ τὰ πάντα ἀκροτήρια τῆς Ἴδης : Λεκτόν (v. 284), Γάργαρον (v. 292), Φαλάκρην; cette dernière cime doit son nom à ce qu'elle était chauve, c'est-à-dire dépourvue de toute végétation.

ΚΟΛΛΟΥΘΟΥ

῾ΕΛΕΝΗΣ ῾ΑΡΠΑΓΗ

Νύμφαι Τρωιάδες, ποταμοῦ Ξάνθοιο γενέθλη,
αἳ πλοκάμων κρήδεμνα καὶ ἱερὰ παίγνια χειρῶν
πολλάκι πατρῴῃσιν ἐπὶ ψαμάθοισι λιποῦσαι
ἐς χορὸν Ἰδαίῃσιν ἐπεντύνεσθε χορείαις,
δεῦτε, θεμιστοπόλοιο νοήματα μηλοβοτῆρος
ἔσπετέ μοι, κελάδοντος ἀπορνύμεναι ποταμοῖο,
ἐξ ὀρέων πόθεν ἦλθεν, ἀήθεα πόντον ἐλαύνων,
ἀγνώσσων ἁλὸς ἔργα· τί δὲ χρέος ἔπλετο νηῶν
ἀρχεκάκων, ἵνα πόντον ὁμοῦ καὶ γαῖαν ὀρίνῃ
βουκόλος· ὠγυγίη δὲ τίς ἔπλετο νείκεος ἀρχή,
ὄφρα καὶ ἀθανάτοισι θεμιστεύσωσι νομῆες·
τίς δὲ δικασπολίη· πόθεν ἔκλυεν οὔνομα νύμφης
Ἀργείης. Αὐταὶ γὰρ ἐθηήσασθε μολοῦσαι
Ἰδαίης τρικάρηνον ὑπὸ πρηῶνα Φαλάκρης
καὶ Πάριν οἰοπόλοισιν ἐφεδριόωντα θοώκοις

Titulus : κολόθου (λλόυ M^b s.l.) ποιητοῦ λυκοπολιτου ἁρπαγὴ της ἑλένης M κολλουθου ποιητοῦ ἁρπαγὴ ἑλένης AE κ. π. ἁρπαγὴ τῆς ἑλένης D κολούθου ἁρπαγὴ ἑλένης B κολούθου ἑλένης ἁρπαγή G. περὶ ἁρπαγῆς τῆς ἑλένης C κολούθου λυκοπολίτου θηβαίου ἐποποιοῦ ἑλένης ἁρπαγή K.

3 ἐπὶ M : ἐνὶ *b* ‖ **4** ἐπεντύνεσθε Bekker : ἐπεντύνασθε M ἐπαντέλλεσθε BDG M^b ἐπαντέλεσθε AE ἐπαντέλλεσθαι CK ‖ **6** ἔσπετέ *b* M^b : εἴπατέ MD (cf. Callim. *Hymn. Del.* 109 ‖ **7** ἐξ ὀρέων *b* : ἠνορέων M ἐξερέω Bekker ἠιόνων Hermann ‖ **8** δὲ MA : δαὶ *b* M^b ‖ **9** ὀρίνῃ MCDGK : ὀρίνει ABE ‖ **10** ὠγυγίη M : ὠκυπέτη *b* ‖ **11** θεμιστεύσωσι M : -εύωσι *b* ‖ **14** Ἰδαίης τρικάρηνον Neander : Ἰδαίησι καρήνον M Ἰδαίης κάρηνον *b* ‖ ὑπὸ M : ἐπὶ *b* M^b ‖ **15** οἰοπόλοισιν *b* M^b : οἰονοπ- M.

siégeant sur son tribunal pastoral et la reine des Grâces, Aphrodite, dans toute sa fierté?

Ainsi donc, sur les monts sourcilleux d'Hémonie, tandis qu'aux noces de Pélée se chantent les chants d'Hyménée, Ganymède, sur l'ordre de Zeus, verse à boire à la ronde; la famille des dieux, à l'envi, célèbre la sœur aux bras blancs d'Amphitrite, en compagnie de Zeus, venu de l'Olympe, et de Poseidon, venu de la mer. A la tête du chœur des Muses descendues de l'Hélicon [1], royaume des abeilles, est arrivé le mélodieux Apollon; secouant de part et d'autre ses boucles dorées, le dieu a la masse jamais coupée de sa chevelure agitée par le zéphyre. Sur ses pas arrive la sœur de Zeus, Héra [2]. La reine de l'harmonie conjugale, Aphrodite, elle non plus, ne veut pas se faire attendre dans les bois du Centaure [3]; portant la couronne des noces est arrivée aussi Peithô [4], chargée du carquois de l'archer Érôs. Le front débarrassé du casque robuste, Athéna elle-même, quoique ignorante du mariage, est venue au mariage. La fille de Létô, sœur d'Apollon, Artémis, n'a pas non plus dédaigné la cérémonie, malgré son humeur sauvage. De même que, sans son casque, sans lance de mort, Arès, le dieu de fer, se rend à la demeure d'Héphaistos, de même, sans cuirasse, sans épée aiguisée, il va, le sourire aux lèvres. Mais, laissant Éris sans l'honorer, Chiron ne s'inquiète pas d'elle et Pélée ne lui prête pas attention.

41 Parfois, une génisse, errant loin du vallon où elle pâture, divague dans les sous-bois solitaires, piquée

1. Ἀπ' εὐόδμου, leçon de M, doit être une glose; elle introduit un hiatus dans le vers, devant Ἑλικῶνος. — L'Hélicon est une montagne de Béotie : cf. Hésiode, *Théog.* 2 et 22.

καὶ Χαρίτων βασίλειαν ἀγαλλομένην Ἀφροδίτην.
  Ὣς ὁ μὲν ὑψιλόφοισιν ἐν οὔρεσιν Αἱμονιήων
νυμφιδίων Πηλῆος ἀειδομένων ὑμεναίων
Ζηνὸς ἐφημοσύνῃσιν ἐῳνοχόει Γανυμήδης·
πᾶσα δὲ κυδαίνουσα θεῶν ἔσπευδε γενέθλη 20
αὐτοκασιγνήτην λευκώλενον Ἀμφιτρίτης,
Ζεὺς μὲν ἀπ' Οὐλύμποιο, Ποσειδάων δὲ θαλάσσης.
Ἐκ δὲ μελισσήεντος ἀπεσσυμένων Ἑλικῶνος
Μουσάων λιγύφωνος ἄγων χορὸν ἦλθεν Ἀπόλλων· 24
χρυσείοις δ' ἑκάτερθε τινασσόμενος πλοκάμοισι 39
βότρυς ἀκερσεκόμης ζεφύρῳ στυφελίζετο χαίτης. 40
Τὸν δὲ μεθ' ὡμάρτησε κασιγνήτη Διὸς Ἥρη. 25
Οὐδ' αὐτὴ βασίλεια καὶ ἁρμονίης Ἀφροδίτη
ἐρχομένη δήθυνεν ἐς ἄλσεα Κενταύροιο·
καὶ στέφος ἀσκήσασα γαμήλιον ἤλυθε Πειθώ,
τοξευτῆρος Ἔρωτος ἐλαφρίζουσα φαρέτρην.
Καὶ βριαρὴν τρυφάλειαν ἀπὸ κροτάφοιο μεθεῖσα 30
ἐς γάμον ὡμάρτησε γάμων ἀδίδακτος Ἀθήνη.
Οὐδὲ κασιγνήτη Λητωιὰς Ἀπόλλωνος
Ἄρτεμις ἠτίμησε καὶ ἀγροτέρη περ ἐοῦσα.
Οἷος δ' οὐ κυνέην, οὐ δήιον ἔγχος ἀείρων
ἐς δόμον Ἡφαίστοιο σιδήρεος ἔρχεται Ἄρης, 35
τοῖος ἄτερ θώρηκος, ἄτερ θηκτοῖο σιδήρου
μειδιόων ἐχόρευεν. Ἔριν δ' ἀγέραστον ἐάσας
οὐ Χείρων ἀλέγιζε καὶ οὐκ ἐμπάζετο Πηλεύς. 38
  Ἡ δ' ἅτε βησσήεντος ἀποπλαγχθεῖσα νομοῖο 41

19 γανυμήδης MAGK : γαννυ- BCDE ‖ **23** ἀπεσσυμένων *b* : απευοδμου M ἀπ' εὐόδμου M^b ‖ **24** λιγύφωνος Livrea : -φωνον X ‖ **39-40** post 24 transp. Graefe ‖ **25** μεθ' ὡμάρτησε CDEM^b : μεθωμάρτησε MABGK ‖ **30** τρυφάλειαν *b* M^b : φαλαρειαν M ‖ **31** δ' ante ἀδίδ- add. *b* ‖ **32** λητωιὰς M : λητωας CD -τωὰς BE -τωῒς K -τωης G ‖ **34** κυνέην MBC^2G^2 : κυανέην C^1DEG^1K^1 κινέην K^2 κυανέον A ‖ ἔγχος MG^2K^2 : εὖχος G^1K^1 ‖ **35** ερχεται M : ἤλυθεν *b* M^b ‖ **37** ἐάσας M: ἐάσαι AD ἐᾶσαι BCEG ἐᾶσε (αι supra ε) K ‖ **41** βησσήεντος M: ποιήεντος *b* M^b

par le taon sanguinaire, tourmenteur des bœufs; de même, Éris, cédant sous les coups de la lourde envie, erre en cherchant comment troubler le festin des dieux. Souvent elle se lève de son lit rehaussé de pierres précieuses; elle se dresse, puis se ravise et se rassied; de sa main, elle frappe au sol le sein de la terre [1], sans songer qu'il n'est fait que de roc. Tantôt elle veut ouvrir les portes des antres sombres, faire remonter les Titans [2] des abîmes souterrains et anéantir le ciel où réside Zeus, roi des sommets. Tantôt elle veut brandir la flamme tonitruante de la foudre; puis, bien qu'elle soit irrésistible, elle laisse la place à Héphaistos, qui forge le fer dans le feu inextinguible [3]. Elle songe à faire résonner le sourd fracas des boucliers, pour voir si la frayeur fera sursauter les dieux au bruit des armes. Mais elle recule devant ce nouveau stratagème, par crainte de l'Arès de fer, porteur du bouclier.

Et voilà qu'elle songe aux pommes d'or des Hespérides. Éris s'en va prendre le fruit, présage de guerre, une pomme, et conçoit l'idée de souffrances exemplaires. Elle fait tourner dans sa main la toute première origine des combats, jette le fruit au milieu de la fête et bouleverse le cœur des déesses. Héra, fière

1. Οὔδεϊ κόλπον passage très corrompu. Οὔδεϊ est une conjecture de Graefe reprise par Weinberger. Dans les leçons de M οὐδ' ἀκόλπος et de *b*, la négation est incompréhensible; la conjecture d'Abel ἤθαδα κόλπον, « le sein habituel de la terre », aboutit à une banalité. Le sens est manifestement : elle frappa (ἄραξε) le sein de la terre (κόλπον γαίης), à la surface (οὔδεϊ, datif de lieu) avec la main (χειρί, datif instrumental). Le geste a pour but d'attirer l'attention des Titans, enfermés dans le Tartare, depuis leur défaite lors de la Titanomachie; cf. Apollodore, *Bibl.* I, 2, 1 (2 W). O. Schneider compare avec raison la scène de l'évocation de Dareios dans Eschyle, *Perses*, 633 sqq. et d'Agamemnon dans les *Choéphores* 479 sqq. Lehrs rapproche encore *Il.* IX, 568 et XIV, 272.

πόρτις ἐρημαίῃσιν ἐνὶ ξυλόχοισιν ἀλᾶται
φοινήεντι μύωπι, βοῶν ἐλατῆρι, τυπεῖσα·
τοῖα βαρυζήλοισιν Ἔρις πληγῇσι δαμεῖσα
πλάζετο μαστεύουσα θεῶν πῶς δαῖτας ὀρίνοι.
Πολλάκι δ' εὐλάιγγος ἀπὸ κλισμοῖο θοροῦσα
ἵστατο καὶ παλίνορσος ἐφέζετο· χειρὶ δὲ γαίης
οὔδεϊ κόλπον ἄραξε καὶ οὐκ ἐφράσσατο πέτρην.
Ἤθελεν ὀρφναίων γυάλων κληῖδας ἀνεῖσα
ἐκ χθονίων Τιτῆνας ἀναστήσασα βερέθρων
οὐρανὸν ὑψιμέδοντος ἀϊστῶσαι Διὸς ἕδρην.
Ἤθελεν ἠχήεντα πυρὸς πρηστῆρα τινάσσειν·
Ἡφαίστῳ δ' ὑπόεικεν ἀμαιμακέτη περ ἐοῦσα,
κὰπ πυρὸς ἀσβέστοιο κατοπτευτῆρι σιδήρου.
Καὶ σακέων βαρύδουπον ἐμήσατο κόμπον ἀράσσειν,
εἴ ποτε δειμαίνοντες ἀναθρῴσκοιεν ἰωήν·
ἀλλὰ καὶ ὁπλοτέρης δολίης ἀνεχάσσατο βουλῆς
Ἄρεα δειμαίνουσα σιδήρεον ἀσπιδιώτην.
Ἤδη δ' Ἑσπερίδων χρυσέων ἐμνήσατο μήλων·
ἔνθεν Ἔρις, πολέμοιο προάγγελον ἔρνος ἑλοῦσα
μῆλον, ἀριζήλων ἐφράσσατο δήνεα μόχθων.
Χειρὶ δὲ δινήσασα μόθου πρωτόσπορον ἀρχὴν
ἐς θαλίην ἔρριψε, χορὸν δ' ὤρινε θεάων.
Ἥρη μὲν παράκοιτις ἀγαλλομένη Διὸς εὐνῇ

46 κλισμοῖο *b* : κλεισμοῖσι M ‖ **48** οὔδει κόλπον Weinberger : οὐδέ τε [τι E] κόλπον *b* οὐδ' ακόλπος M οὐδὲν κόμπον Graefe ‖ αραξε M : ἔρυξε *b* ‖ **49** uersum om. et huc 52 transposuit *b* ‖ ἤθελεν Bekker : ἤθελον M ‖ **52** hic quoque habet *b*, unde fit ut bis uersus repetatur : uid. ad 49 ‖ ἤθελεν M : ἤθελε δ' *b* ‖ **53** ἀμαιμακέτη Lehrs : -κέτην M ἀτυζομένη *b* M^b ‖ ἐοῦσα *b* : ἐοῦσᾱ (i.e. ἐοῦσαν) M ‖ **54** κὰπ Vian : καὶ X ‖ κατο πτευ τῆρι (sic) M : καὶ ἰθυντῆρι *b* ‖ σιδήρου *b* : σιδήρ M ‖ **57** ὁπλοτέρης M : -τέρην *b* ‖ δολίης M : δολίην *b* ‖ ἀνεχάσσατο M : ἐφράσσατο *b* ‖ βουλῆς M : βουλήν *b* ‖ **59** ἑσπερίδων *b* : εσπερίων M ‖ **60** πολέμοιο *b* : πτολ- MK ‖ ἑλοῦσα *b* : ἰδοῦσα M ‖ **61** μῆλον M : μήλων *b* ‖ ἀριζήλων *b* : ἀρίζηλον M ‖ **62** δινήσασα Hermann (cf. Nonn. *Dion.* XXXVI, 41) : κινήσασα X ‖ **64** παράκοιτις X : βασιλῆος Tournier.

d'être l'épouse de Zeus dont elle partage la couche, se lève, admiratrice, et cherche à s'emparer du fruit; Cypris, qui s'estime supérieure à toutes, brûle de posséder la pomme, puisqu'elle est l'apanage des Amours[1]... Mais Héra n'abandonne point et Athéna ne cède pas. Zeus voit la rivalité des déesses; il appelle son fils Hermaôn[2], assis à ses côtés, et lui dit : « Si, comme je pense, tu as entendu dire, mon fils, que, près du cours du Xanthe Idéen, un certain Pâris, fils de Priam, le bel adolescent, garde les bœufs sur les montagnes de Troade, offre-lui la pomme; invite-le à départager les déesses, à juger de la ligne de leurs paupières et de l'ovale de leur visage. Que celle qu'il aura jugée avoir le charme le plus éminent emporte le prix destiné à la plus belle, la parure des Amours. »

Telle est la mission qu'Hermaôn se voit confier par son père le Cronide; le dieu, aussitôt, conformément aux ordres paternels, montre la route[3] aux déesses et se met à leur service. Chacune cherche à rendre sa beauté plus parfaite et plus charmante. La rusée Cypris entr'ouvre son voile, défait l'épingle parfumée de ses cheveux[4], puis répand l'or sur ses tresses, répand l'or sur le flot de sa chevelure. Et voici comment elle

1. La conjecture de Tournier 'Αγεληΐς, épithète d'Athéna, au lieu de ἅτε Κύπρις donné par tous les manuscrits, a été suggérée à cet éditeur par le fait qu'Athéna, mentionnée au v. 68, est omise ici; cependant, au v. 67, ὅτι κτέρας ἐστὶν 'Ερώτων ne peut faire songer qu'à Aphrodite. Peut-être y a-t-il une lacune d'un ou deux vers après 65; l'hypothèse a déjà été formulée par Lennep, car le manuscrit E comporte un λείπει dans la marge en face de 65.

2. Hermaôn, pour Hermès; la forme est attestée chez Hésiode (v. *Hesiodea fragmenta*, éd. Merkelbach-West, Oxford, 1967, n°s 137, 1 et 150, 31 et Kühner-Gerth *Formenlehre* [2] I, p. 305).

ἵστατο θαμβήσασα καὶ ἤθελε ληίζεσθαι·
πασάων δ' ἅτε Κύπρις ἀρειοτέρη γεγαυῖα
μῆλον ἔχειν ἐπόθησεν, ὅτι κτέρας ἐστὶν Ἐρώτων·
. . . .
Ἥρη δ' οὐ μεθέηκε καὶ οὐχ ὑπόεικεν Ἀθήνη.
Ζεὺς δὲ θεῶν καὶ νεῖκος ἰδὼν καὶ παῖδα καλέσσας
τοῖον ἐφεδρήσσοντα προσέννεπεν Ἑρμάωνα·
« Εἴ τινά που Ξάνθοιο παρ' Ἰδαίοιο ῥεέθροις
παῖδα Πάριν Πριάμοιο, τὸν ἀγλαὸν ἡβητῆρα,
Τροίης βουκολέοντα κατ' οὔρεα, τέκνον, ἀκούεις,
κείνῳ μῆλον ὄπαζε· διακρίνειν δὲ θεάων
κέκλεο καὶ βλεφάρων ξυνοχὴν καὶ κύκλα προσώπων.
Ἡ δὲ διακρινθεῖσα φέρειν περίπυστον ὀπωπὴν
κάρτος ἀρειοτέρης ἐχέτω καὶ κόσμον Ἐρώτων.
Ὣς ὁ μὲν Ἑρμάωνι πατὴρ ἐπέτελλε Κρονίων· »
αὐτὰρ ὁ πατρῴῃσιν ἐφημοσύνῃσι πιθήσας
εἰς ὁδὸν ἡγεμόνευε καὶ οὐκ ἀμέλησε θεάων.
Πᾶσα δὲ λωιτέρην καὶ ἀμείνονα δίζετο μορφήν.
Κύπρις μὲν δολόμητις ἀναπτύξασα καλύπτρην
καὶ περόνην θυόεντα διαστήσασα κομάων
χρυσῷ μὲν πλοκάμους, χρυσῷ δ' ἐστέψατο χαίτην.

65 post uersum lac. suspic. Lennep (λείπει inter 65 et 66 E) ‖ **66** δ' *b* : om. M ‖ **67** post uersum lac. statuimus ‖ **67b** om. *b* ‖ ἥρη M : Ἥρῃ Lehrs ‖ **68** ἰδὼν X : ἴδεν Schneider ‖ **69** ἐφεδρήσσοντα *b* : ευφεδρίσσοντα M ‖ **70** παρ' ἰδαίοιο *b* : παριδαῖοι M παρ' Ἰδαίοισι Tournier ‖ **71** πάριν — ἡβητῆρα *b* : πάρον πριάμοιο παριδαῖοι ρεέθροις M ‖ **74** κέκλεο MB^{2}GK : κέλεο AB^{1}CD κελέω E ‖ βλεφάρων MABC^{2}EGK : βλεφάρον C^{1}D ‖ ξυνοχὴν Bekker : ξύνοχλην M συνοχὴν *b* ‖ προσώπων *b* : προσώπο͂ν M προσώπου Ludwich ‖ **75** διακρινθεῖσα MBGK : διακριθεῖσα ACDE ‖ ὀπωπὴν Vian : ὀπώρην M ὀπώρης E ὀπωπῆς ABCDGK ‖ **76** κάρτος M (cf. Soph. *Ai.* 443) : κάλλος *b* ‖ κόσμον *b* : κόσμου M ‖ ἐρώτων M : ὀπώρης *b* (cf. 75) ‖ **78**]σύνῃσι πιθήσας om. M, add. M^{b} ‖ **79** εἰς ὁδὸν — θεάων X : εἴσοδον — -σεν ἀέθλων Tournier ταῖς ὁδὸν — θεάων Livrea dubitanter ‖ **80** πᾶσα MBCE^{1}K^{2} : πᾶσαν ADE^{2}GK^{1} ‖ **82** περόνην *b* : πτερὸν M ‖ θυόεντα *b*: ἰθυνθέντα M ‖ **83** χαίτην X: δείρην Graefe.

interpelle les Amours quand elle les aperçoit :

« Le concours approche, mes chers petits. Entourez votre mère [1] ! Aujourd'hui, je ne puis compter que sur la beauté de mon visage. Je suis inquiète de savoir à qui ce bouvier va offrir la pomme ! Héra est, dit-on, la mère sacrée des Grâces; on dit qu'elle possède la royauté et qu'elle garde jalousement le sceptre. Reine des combats, tel est toujours le nom d'Athéna. Cypris seule est une déesse sans force [2]. Je n'apporte pas avec moi la souveraineté qui appartient aux rois, je n'apporte ni pique guerrière ni lance. Mais pourquoi cet excès d'inquiétude? En guise d'arme, n'ai-je pas pour me servir de prompte javeline la délicieuse chaîne des Amours? N'ai-je pas, moi, le ceste[3] ? C'est là l'aiguillon que je tiens, l'arc que je brandis; le ceste qui perce les femmes de mon dard, du dard de mon amour, et qui, s'il leur inflige souvent les douleurs des accouchements, leur épargne du moins la mort? [4] ».

Ainsi, tandis qu'elle marche derrière Hermès, s'exprime Cypris aux doigts de rose. Attentifs aux chers propos maternels, les Amours voltigent autour de leur mère et lui font un cortège.

Déjà ils ont franchi le sommet du mont Ida et arrivent là où, sous l'escarpement de l'à-pic rocheux, Pâris adolescent garde les troupeaux de son père. Il les fait paître sur les deux rives du cours d'un torrent; d'un côté il dénombre la troupe de ses bœufs assemblés; de l'autre il passe la revue des moutons laineux en train

1. Περιπτύξασθαι signifie d'ordinaire embrasser; cf. Apoll. Rhod. *Argon.* IV, 155 et Bion I, 44. Ici, le sens est « se tenir autour de quelqu'un » (cf. le sens militaire d'« encercler », « entourer »). Aphrodite a besoin de la présence des Amours pour triompher.

Τοῖα δὲ παῖδας Ἔρωτας ἀνηΰτησεν ἰδοῦσα·
« Ἐγγὺς ἀγών, φίλα τέκνα· περιπτύξασθε τιθήνην.
Σήμερον ἀγλαΐαι με διακρίνουσι προσώπων·
δειμαίνω τίνι μῆλον ὁ βουκόλος οὗτος ὀπάσσει.
Ἥρην μὲν Χαρίτων ἱερὴν ἐνέπουσι τιθήνην,
φασὶ δὲ κοιρανίην μεθέπειν καὶ σκῆπτρα φυλάσσειν·
καὶ πολέμων βασίλειαν ἀεὶ καλέουσιν Ἀθήνην·
μούνη Κύπρις ἄναλκις ἔην θεός. Οὐ βασιλήων
κοιρανίην, οὐκ ἔγχος ἀρήιον, οὐ βέλος ἕλκω.
Ἀλλὰ τί δειμαίνω περιώσιον; Ἀντὶ μὲν αἰχμῆς
ὡς θοὸν ἔγχος ἔχουσα μελίφρονα δεσμὸν Ἐρώτων,
κεστὸν ἐγὼ καὶ κέντρον ἄγω καὶ τόξον ἀείρω,
κεστόν, ὅθεν φιλότητος ἐμῆς ἐμὸν οἶστρον ἑλοῦσαι
πολλάκις ὠδίνουσι καὶ οὐ θνῄσκουσι γυναῖκες. »
Τοῖον ἐφεσπομένη ῥοδοδάκτυλος ἔννεπε Κύπρις.
Οἱ δ' ἄρα μητρῴης ἐρατῆς ἀίοντες ἐφετμῆς
φοιτητῆρες Ἔρωτες ἐπερρώοντο τιθήνῃ.
Ἄρτι μὲν Ἰδαίην ὑπερέδραμον οὔρεος ἄκρην,
ἔνθα λιθοκρήδεμνον ὑπὸ πρηῶνος ἐρίπνην
κουρίζων ἐνόμευε Πάρις πατρώια μῆλα.
Ποιμαίνων δ' ἑκάτερθεν ἐπὶ προχοῇσιν ἀναύρου,
νόσφι μὲν ἀγρομένων ἀγέλην πεμπάζετο ταύρων,
νόσφι δὲ βοσκομένων διεμέτρεε πώεα μήλων.

86 ἀγλαΐαι *b* : ἀγλαία M ‖ διακρίνουσι *b* : διακρίνουσα M διακρινιέουσι Hermann ‖ post uersum lac. suspic. Abel ‖ **87** ὀπάσσε- MCK : ὀπάσση ABDEG ‖ **90** ἀεὶ καλέουσιν X : ἐπικλείουσιν Hermann ‖ **91** ἔην X : ἀεὶ Weinberger ‖ **92** οὐκ Hermann : οὐδ' X ‖ ἔγχος M *b* : εὖχος GK ‖ **94** δεσμὸν ἐρώτων om. M add. M^b ‖ **95** ἐγὼ Tiedke : ἔχω X ‖ **98** τοῖον *b* : τοῖς M ‖ **100** φοιτητῆρες M : φοιτῆρες *b* ‖ **101**]ην ὑπέδραμεν κτλ. om. M, add. M^b ‖ ὑπερέδραμον anonymus (-μεν Falkenburg) : ὑπέδραμεν *b* M^b ἐπέδραμεν A ‖ **102** om. *b* ‖ ἐρ⟨ίπνην⟩ Bekker : ερ M ‖ **103** post κουρίζων add. δ' *b* ‖ **104** δ' Hauniensis 60 : θ' X ‖ ἑκάτερθεν *b* : ἑκατέρωθεν M ‖ **105-106** ἀγέλην — βοσκομένων om. D ‖ **106** πώεα μήλων om. M, add. M^b.

de paître. Une peau de chèvre des montagnes pend dans son dos et descend jusqu'à ses cuisses; il a laissé sa houlette pastorale [1] destinée à pousser le bétail; car il module sur sa syrinx, en avançant à petits pas vers les lieux familiers, la chanson aiguë de ses pipeaux rustiques. Souvent, pour chanter dans sa cabane de berger, il néglige ses bœufs et dédaigne le soin de ses moutons. Alors, flûte en mains, selon la belle coutume des bergers, il fait retentir sa mélodie en l'honneur de Pan et d'Hermaôn. Point de chiens qui aboient, de taureau qui mugisse. Seule, la vaine Echo des monts de l'Ida qui pourtant ne sait parler, répond à sa voix, cependant que les taureaux rassasiés, couchés sur l'herbe verte, somnolent sur leur flanc lourd.

Chantant ainsi sous le couvert [2] élevé des arbres, Pâris aperçoit de loin Hermaôn, le messager. Effrayé, il se lève d'un bond; il cherche à éviter la vue des dieux [3]; il pose contre un chêne la rangée de ses pipeaux mélodieux et, alors qu'elle était encore bien courte, interrompt sa chanson. Il est effrayé et voici que s'adresse à lui le divin Hermès :

« Jette au loin ton seau à traire [4]; laisse tes beaux moutons; maintenant il te faut rendre un arrêt et

1. 'Απέκειτο : ὑπέκειτο des manuscrits est difficilement acceptable; ἀπέκειτο (Schneider) ne note qu'une évidence. Pour jouer de la syrinx, Pâris doit abandonner, déposer sa houlette.

2. Ὑψορόφοιο donné par M, est supérieur à ὑψιλόφοιο fourni par *b*. Ὑψόροφος est homérique (cf. *Il.* III, 423; XXIV, 192; *Od.* II, 337, etc.). Selon Livrea, ὑψορόφοιο n'est qu'une facile réminiscence homérique, tandis qu'ὑψίλοφος serait un terme « nonnien »; mais ὑψόροφος évoque une voûte et est ici plus en situation, puisqu'il s'agit de la voûte de feuillage d'une forêt.

Καί τις ὀρεσσαύλοιο δορὴ μετόπισθε χιμαίρης
ἐκκρεμὲς ᾐώρητο καὶ αὐτῶν ἥπτετο μηρῶν·
ποιμενίη δ' ἀπέκειτο βοῶν ἐλάτειρα καλαῦροψ,
τοῖος ἐπεὶ σύριγγος, ἐς ἤθεα βαιὸν ὁδεύων,
ἀγροτέρων καλάμων λιγυρὴν ἐδίωκεν ἀοιδήν·
πολλάκι δ' οἰοπόλοισιν ἐνὶ σταθμοῖσιν ἀείδων
καὶ ταύρων ἀμέλησε καὶ οὐκ ἐμπάζετο μήλων.
Ἔνθεν ἔχων σύριγγα κατ' ἤθεα καλὰ νομήων
Πανὶ καὶ ʽΕρμάωνι φίλην ἀνεβάλλετο μολπήν·.
Οὐ κύνες ὠρύοντο καὶ οὐ μυκήσατο ταῦρος·
μούνη δ' ἠνεμόεσσα βοῆς ἀδίδακτος ἐοῦσα
Ἰδαίων ὀρέων ἀντίθροος ἴαχεν Ἠχώ.
Ταῦροι δὲ χλοερῆς κεκορηότες ὑψόθι ποίης
κεκλιμένοι βαρύγουνον ἐπ' ἰσχίον εὐνάζοντο.
῞Ως ὁ μὲν ὑψορόφοιο φυτῶν ὑπένερθε καλύπτρης
τηλόθεν ʽΕρμάωνα διάκτορον εἶδε λιγαίνων.
Δειμαίνων δ' ἀνόρουσε, θεῶν δ' ἀλέεινεν ὀπωπήν·
καὶ χορὸν εὐκελάδων δονάκων ἐπὶ φηγὸν ἐρείσας
μήπω πολλὰ καμοῦσαν ἑὴν ἀνέκοπτεν ἀοιδήν.
Τοῖα δὲ δειμαίνοντα προσέννεπε θέσκελος ʽΕρμῆς·
« Γαυλὸν ἀπορρίψας καὶ πώεα καλὰ μεθήσας

107 τις X : τι G^{2}K ‖ ὀρεσσαύλοιο κτλ. om. M, add. M^b ‖ δορὴ X: δόρυ G^{2}K^1 δορὶ GK^2 ‖ **108** ἥπτετο Abel : ἅπτετο X ‖ **109** ἀπέκειτο Schneider : ὑπέκειτο X ‖ ἐλάτειρα *b* : ἐλατῆρα M ‖ καλαῦροψ M : καλάβροψ *b* καλλέροψ D ‖ **110** επει M : ἐὼν *b* ‖ βαιον M : βαιὸς *b* ‖ **111** ἀγροτέρων Graefe : ἀγροτέρην X ‖ ἀοιδήν om. M ‖ **112** ἀείδων *b* : ὁδευων M ‖ **114** ἔνθεν M *b* : ἔνθα G^{2}K^2 ‖ κατ' Brodeau : καὶ X ‖ **116** μυκήσατο ταῦρος anon. (cf. Nonn. *Dion.* II 633) : -σατο ταύρους M -σαντο ταῦροι *b* ‖ **117** μούνη δ' ἠνεμόεσσα *b* : μοϋμημονόεσσα M ‖ βοης M : βοὴν *b* ‖ **118** ἀντίθροος *b* M^b : ἀντ' ἴαχος M ‖ **119** δὲ post ταῦροι om. C^{1}D : add. C^2 s.l. ‖ ρκότες ὑψόθι ποίης om. M, add. M^b ‖ **121** ὑψορόφοιο M : ὑψιλόφοιο *b* ‖ ὑπένερθε MABCD : ὕπερθε EGK ‖ **122** εἶδε MBCEGK : ᾖδε D ἧδε A ‖ **123** θεῶν δ' M : δ' om. *b* ‖ **124** εὐκελάδων *b* : εὐκέλαδον B ηκελάδων M ‖ φηγον M : φυτῶν *b* ‖ ἐρείσας M : ἐάσας *b* ἐλάσας D ‖ **125** ἑὴν om. *b* ‖ ἀνέκοπτεν X : ἀνέκοψεν Abel ‖ **127** γαυλὸν Zöllner : γαῦλον M τάρβος *b* ‖ μεθήσας MCEGK : μεθύσας ABD.

prononcer entre les divinités du ciel; maintenant distingue la beauté la plus parfaite et offre à la plus éclatante la pomme que voici, ce fruit tant désiré [1] ».

Tels sont ses mots. Pâris fixe son regard caressant et essaie doucement [2] d'apprécier la beauté de chacune. Il examine l'éclat des yeux clairs, il scrute les nuques parées d'or, il juge la parure de chacune, même la beauté du talon par derrière et le bout des pieds. Mais Athéna, sans attendre la sentence, prend les mains d'Alexandros qui sourit et lui adresse à peu près ces mots :

« Viens, fils de Priam, laisse de côté l'épouse de Zeus; dédaigne Aphrodite, qui ne règne que sur l'union conjugale, et préfère Athéna, protectrice du courage [3]. Tu es, ce dit-on, un roi et tu as la garde de la cité troyenne. Viens, je ferai de toi, pour tes concitoyens malheureux, le sauveur de la patrie. La vindicative Ényô [4] ne fondra jamais sur toi. Obéis-moi, je t'enseignerai les combats et le courage. »

Voilà ce que proclame la très sage Athéna. Et voici ce qu'à son tour, lui dit Héra aux bras blancs :

« Si tu me choisis et que tu me donnes le fruit entre tous délectable, je ferai de toi le seigneur de toute mon Asie. Dédaigne les travaux des combats. Qu'a-t-il à faire avec les guerres, un roi? Souverain à la fois des vaillants et des pacifiques, il n'a qu'à commander [5].

1. *a*) sur la pomme, symbole amoureux, v. *Anthol. Pal.* V. 79 (Platon), Théocr. V, 79 et schol.;

b) προφερέστερον, comparatif au lieu de superlatif; cf. 66 ἀρειοτέρῃ, 131 φαιδροτέρῃ; v. Keydell, *Nonni Panopolit. Dionys.*, praef. 54* et Nonnos *Dion.*, XXVI, 443; XXXVIII, 112 (κρείσσονα au lieu de κρατίστην). Au v. 130, φαιδροτάτῃ, proposé par Weinberger, ne doit donc pas être retenu.

δεῦρο θεμιστεύσειας ἐπουρανίῃσι δικάζων·
δεῦρο διακρίνων προφερέστερον εἶδος ὀπωπῆς
φαιδροτέρῃ τόδε μῆλον, ἐπήρατον ἔρνος, ὀπάσσαις. »
Τοῖον ἀνηΰτησεν· ὁ δ' ἤπιον ὄμμα τανύσσας
ἧκα διακρίνειν πειρήσατο κάλλος ἑκάστης.
Δέρκετο μὲν γλαυκῶν βλεφάρων σέλας, ἔδρακε δειρὴν
χρυσῷ δαιδαλέην, ἐφράσσατο κόσμον ἑκάστης
καὶ πτέρνης μετόπισθε καὶ αὐτῶν ἴχνια ταρσῶν.
Χειρῶν μειδιόωντα δίκης προπάροιθεν ἑλοῦσα,
τοῖον Ἀλεξάνδρῳ μυθήσατο μῦθον Ἀθήνη·
« Δεῦρο, τέκος Πριάμοιο, Διὸς παράκοιτιν ἐάσας
καὶ θαλάμων βασίλειαν ἀτιμήσας Ἀφροδίτην
ἠνορέης ἐπίκουρον ἐπαινήσειας Ἀθήνην.
Φασί σε κοιρανέειν καὶ Τρώιον ἄστυ φυλάσσειν·
δεῦρό σε τειρομένοισι σαόπτολιν ἀνδράσι θήσω,
μή ποτέ σοι βαρύμηνις ἐπιϐρίσειεν Ἐνυώ.
Πείθεο, καὶ πολέμους τε καὶ ἠνορέην σε διδάξω. »
Ὣς ἡ μὲν πολύμητις ἀνηΰτησεν Ἀθήνη.
Τοῖα δ' ὑποϐλήδην λευκώλενος ἔννεπεν Ἥρη·
« Εἴ με διακρίνων προφερέστερον ἔρνος ὀπάσσῃς,
πάσης ἡμετέρης Ἀσίης ἡγήτορα θήσω.
Ἔργα μόθων ἀθέριζε· τί γὰρ πολέμων βασιλῆι;
Κοίρανος ἰφθίμοισι καὶ ἀπτολέμοισι κελεύει.

128 ἐπ' οὐρανίῃσι (sic) MGK (cf. Qu. Sm. II 429) : ἐπουρανίοισι ABCD ‖ **129** om. M ‖ **130** ὀπάσσαις *b* : ὀπάσσεις M ‖ **132** ἧκα M *b* : ἧκε AB[2] ὦκα Tournier ‖ **134** δαιδαλέην M : δαιδαλέης [-λαίης D] *b* ‖ **135** om. M ‖ **136** χειρῶν X : χειρὶ δὲ Lennep ‖ μειδιόωντα *b* : μειλ ν εντα M μειδιόωσα anon. μητιόωντα Schneider ‖ ἑλοῦσα *b* : ἑλόσσης M ‖ **139-142** om. M ‖ **139** ἀτιμήσας anon. : ἀτιμάσας *b* ‖ **140** ἠνορέης *b* : -ρέην B ‖ **141** τρώιον *b* : πατρώιον AB ‖ **143** ἐπιϐρίσειεν MABCD : ἐπιϐρύεν GK ἐπίϐριεν E ‖ **144** πολέμους C : πτολ- X ‖ **148** πάσης X : πάσης ⟨σ'⟩ Bekker ‖ ἡμετέρης X : ὑμετ- Graefe ‖ Ἀσίης X : Ἀσίης ⟨σ'⟩ Lennep ‖ **150** ἀπτολέμοισι MBCD : ἀπολέμ- EGK οὐ πτολέμ- A εὐπολέμ- Abel ‖ κελεύει *b* : -εύοι M.

Ce ne sont pas toujours les fidèles d'Athéna qui l'emportent. Les serviteurs d'Ényô ont une mort rapide ! ».

Telle est la suprématie qu'offre Héra, dont le trône est le premier. Mais l'autre ouvre sa tunique largement drapée et fait jaillir son sein nu, car elle ne rougit pas, Cypris. Soulevant de sa main la suave chaîne des amours, elle dénude toute sa poitrine, sans songer à ses seins. Avec un sourire, voici comment elle s'adresse au berger :

« Accueille-moi et oublie la guerre; accueille ma beauté et dédaigne sceptres et terre d'Asie. J'ignore les œuvres de guerre : qu'a-t-elle à faire de boucliers, une Aphrodite? C'est par la beauté, bien plutôt, que triomphent les femmes ! Au lieu de courage viril, je te donnerai une épouse charmante; au lieu d'avoir un royaume, monte dans la couche d'Hélène. Lacédémone, après Troie, te verra jeune marié [1] ».

Elle n'a pas terminé son propos que Pâris lui tend la belle pomme, emblème de beauté, trésor précieux pour Aphrogénie [2], génératrice de guerre et maudite engeance de travaux guerriers. La pomme dans sa main, elle lance ces mots, pour railler Héra et la virile Athéna :

« Arrière ! renoncez à la lutte ! Renoncez à une victoire dont vous avez l'habitude. J'aime la beauté et la beauté m'est fidèle. On dit, mère d'Arès, que, grâce aux douleurs de l'enfantement, tu multiplies le chœur sacré des Grâces [3] aux beaux cheveux : toutes, cependant, t'ont reniée aujourd'hui et tu n'en as pas trouvé une seule pour venir à ton aide. Non, tu n'es pas

1. Avant d'épouser Hélène, Pâris avait été marié avec une nymphe de l'Ida, Oenone, fille du fleuve Cébren; cf. Apollodore, *Bibl.* III, 12, 6 (154 W); Ovide, *Hér.* V.

Οὐκ αἰεὶ θεράποντες ἀριστεύουσιν Ἀθήνης·
ὠκύμοροι θνῄσκουσιν ὑποδρηστῆρες Ἐνυοῦς. »
Τοίην κοιρανίην πρωτόθρονος ὤπασεν Ἥρη.
Ἡ δ' ἑανὸν βαθύκολπον, ἐς ἠέρα γυμνώσασα
κόλπον, ἀνηώρησε καὶ οὐκ ᾐδέσσατο Κύπρις.
Χειρὶ δ' ἐλαφρίζουσα μελίφρονα δεσμὸν Ἐρώτων
στῆθος ἅπαν γύμνωσε καὶ οὐκ ἐμνήσατο μαζῶν.
Τοῖα δὲ μειδιόωσα προσέννεπε μηλοβοτῆρα·
« Δέξο με καὶ πολέμων ἐπιλήθεο, δέχνυσο μορφὴν
ἡμετέρην καὶ σκῆπτρα καὶ Ἀσίδα κάλλιπε γαῖαν.
Ἔργα μόθων οὐκ οἶδα· τί γὰρ σακέων Ἀφροδίτῃ;
Ἀγλαΐῃ πολὺ μᾶλλον ἀριστεύουσι γυναῖκες.
Ἀντὶ μὲν ἠνορέης ἐρατὴν παράκοιτιν ὀπάσσω,
ἀντὶ δὲ κοιρανίης Ἑλένης ἐπιβήσεο λέκτρων·
νυμφίον ἀθρήσει σε μετὰ Τροίην Λακεδαίμων. »
Οὔπω μῦθος ἔληγεν, ὁ δ' ἀγλαὸν ὤπασε μῆλον,
ἀγλαΐης ἀνάθημα, μέγα κτέρας Ἀφρογενείῃ,
φυταλιὴν πολέμοιο, κακὴν πολέμοιο γενέθλην.
Χειρὶ δὲ μῆλον ἔχουσα τόσην ἀνενείκατο φωνὴν
Ἥρην κερτομέουσα καὶ ἀντιάνειραν Ἀθήνην·
« Εἴξατέ μοι πολέμοιο, συνήθεος εἴξατε νίκης.
Ἀγλαΐην ἐφίλησα, καὶ ἀγλαΐη με διώκει.
Φασί σε, μῆτερ Ἄρηος, ὑπ' ὠδίνεσσιν ἀέξειν
ἠυκόμων Χαρίτων ἱερὸν χορόν· ἀλλά σε πᾶσαι
σήμερον ἠρνήσαντο, καὶ οὐ μίαν εὗρες ἀρωγόν.
Οὐ σακέων βασίλεια καὶ οὐ πυρός ἐσσι τιθήνη·

154 ἑανὸν *b* : ἑαννὸν M ‖ **156** δεσμὸν M : θεσμὸν *b* ‖ **159** δέξο με Dorville (cf. Nonn. *Dion.* X, 111, XXXIII, 341; XLVII 410) : δέξομε A^2C^2 δέξομαι M *b* δέξεο G δόξεο K ‖ πολέμων DEGK : πτολ- MABC ‖ ἐπιλήθεο MABCD : ἐπελήθεο EGK ‖ **163** ἐράτην MA^2 : ἐρατεινὴν *b* ‖ **164** ἐπιβήσεο *b* : ἐπιβήσαιο MA ‖ **166** μῦθος X (et K^2) : μῦθον K^1 ‖ **167** ἀνάθημα κτλ. om. M, add. M^b ‖ **168** φυταλιὴν MGK : φοιταλιὴν AE φοιταλίην BCD ‖ **170** om. K ‖ **171** συνήθεος M : συνήθεες *b* ‖ **174** ἱερὸν *b* M^{ir} : -ρῶν M^{ac} ‖ **175** ἀρωγόν M : ἀρωγήν *b* ‖ **176** οὐ (post. l.) M : εἰ *b* ‖ ἐσσι *b* : ἐστι M

la reine des boucliers; non, tu n'es pas la mère du feu : non, Arès n'est pas venu à ton secours, bien que sa lance se déchaîne furieuse, ni non plus Héphaistos avec ses flammes, bien qu'il émette une haleine de feu. Ah ! que tes vantardises sont inconsidérées, Atrytônê [1], toi qui ne dois d'être née ni à un mariage ni à l'accouchement d'une mère ! C'est une entaille faite par le fer [2], c'est une souche de fer qui t'a fait jaillir sans accouchement du crâne de ton père. C'est pourquoi, le corps vêtu d'une tunique de bronze, tu fuis l'amour et recherches les travaux d'Arès, car tu es inexperte aux étreintes et ignores l'union des cœurs. Ne sais-tu pas que les Athénas comme toi sont plutôt débiles, lorsque, se vantant de glorieux combats, elles considèrent leur corps qui n'est ni mâle ni féminin? ».

Telle est l'insulte que Cypris adresse à Athéna. C'est ainsi qu'elle obtient le prix, destructeur pour une ville, de la beauté, en triomphant d'Héra et d'Athéna, malgré leur douleur. En proie au désir sous l'effet de l'amour [3] et au pourchas d'une femme qu'il n'a jamais vue, le funeste Pâris [4] rassemble et emmène dans l'épaisse forêt des gens experts dans les métiers d'Atrytônê. Là, les chênes des fûtaies de l'Ida tombent tranchés grâce à l'habileté de Phéréclos [5], premier artisan du malheur, lui qui, alors, pour complaire à la folie d'un roi, fabrique pour Alexandros des navires, grâce au bronze des bûcherons.

1. Atrytônê, un des surnoms d'Athéna, littéralement, « l'Infatigable ».

2. Σιδηρείη... τομή : Zeus, ayant avalé Métis, enceinte de ses œuvres, avait demandé à Héphaistos de le délivrer du fruit que portait Métis; le dieu, obéissant, lui fendit d'un coup de hache le crâne, d'où Athéna surgit tout armée; cf. Apollodore, *Bibl.* I, 3, 6 (20 W).

οὔ σοι Ἄρης ἐπάρηξε, καὶ εἰ δορὶ μαίνεται Ἄρης,
οὐ φλόγες Ἡφαίστοιο, καὶ εἰ φλογὸς ἆσθμα λοχεύει.
Οἷα δὲ κυδιάεις ἀνεμώλιος, Ἀτρυτώνη,
ἣν γάμος οὐκ ἔσπειρε καὶ οὐ μαιώσατο μήτηρ,
ἀλλὰ σιδηρείη σε τομὴ καὶ ῥίζα σιδήρου
πατρῴων ἀλόχευτον ἀνεβλάστησε καρήνων.
Οἷα δὲ χαλκείοισι καλυψαμένη χρόα πέπλοις
καὶ φεύγεις φιλότητα καὶ Ἄρεος ἔργα διώκεις,
ἁρμονίης ἀδίδακτος, ὁμοφροσύνης ἀδαήμων.
Ἀγνώσσεις ὅτι μᾶλλον ἀνάλκιδές εἰσιν Ἀθῆναι
τοῖαι, κυδαλίμοισιν ἀγαλλόμεναι πολέμοισι,
κεκριμένων μελέων οὔτ᾽ ἄρσενες οὔτε γυναῖκες; »
Τοῖον ἐφυβρίζουσα προσέννεπε Κύπρις Ἀθήνην.
Ὣς ἡ μὲν πτολίπορθον ἀέθλιον ἔλλαχε μορφῆς
Ἥρην ἐξελάσασα καὶ ἀσχαλόωσαν Ἀθήνην.
Ἱμείρων δ᾽ ὑπ᾽ ἔρωτι καὶ ἣν οὐκ εἶδε διώκων,
Δύσπαρις ἀθροίσας ἐπὶ δάσκιον ἤγαγεν ὕλην
ἀνέρας ἐργοπόνοιο δαήμονας Ἀτρυτώνης.
Ἔνθα πολυπρέμνοιο δαϊζόμεναι δρύες Ἴδης
ἤριπον ἀρχεκάκοιο περιφροσύνῃσι Φερέκλου,
ὃς τότε μαργαίνοντι χαριζόμενος βασιλῆι
νῆας Ἀλεξάνδρῳ δρυτόμῳ τεκτήνατο χαλκῷ.

177 δορὶ *b* : δορω (sed ω eras.) M ‖ **178-181** om. M, trium uersuum spatio relicto : add. M^b ‖ 179 οἷα δὲ Schneider : οἷα τε X οἷα C οἷα σὺ Hermann ‖ κυδιάεις ABCE M^b : κυδιάνεις D κυδιάνει G κυδιαίνει K ‖ **181** σιδηρείη Vat. gr. 1351 et Stephanus : σιδηρίη X ‖ **184** φεύγεις MCGK : φεύγοις ABDE ‖ **185**] δακτος κτλ. om. M, add. M^b ‖ **186** Ἀθῆναι MG^{2}K : Ἀθήνη *b* ‖ **187** τοῖαι M : καὶ οὐ *b* ‖ **189** τοῖον M : τοῖα δ᾽ *b* τοιάδ᾽ A ‖ Ἀθήνην ADEGK : Ἀθήνῃ BC om. M ‖ **193** ἀθροίσας MG^{2}K : ἀθρήσας *b* ‖ ὕλην X (cf. 228) : Ἴδην Wernicke (cf. Qu. Sm. V 493 ; Tryphiod. 324) ‖ **195** πολυπρέμνοιο Abel : πολυπρέμνοις M τανυπρέμνοιο *b* ‖ ἴδης M : ὕλης *b* ‖ **197** ὅς MCDEGK : ὥς AB ‖ τότε Lennep Reiske : ποτε X ‖ μαργαίνοντι MCDEGK : -αίροντι AB.

Il n'a pas plus tôt arrêté son plan qu'il achève [1] déjà les navires, mais ces navires n'ont été ni conçus ni bâtis par Athéna.

A peine le prince abandonne-t-il les forêts de l'Ida pour la mer qu'il commence par offrir sur le rivage de nombreux sacrifices et implore [2] Aphrodite qui l'accompagnait, pour réaliser sa promesse de mariage; puis il fait voile à travers l'Hellespont, sur le vaste dos de celle qui a vu naître [3] la déesse. Des présages de douloureuses épreuves lui apparaissent : une nuée sombre s'élève et le ciel se couronne d'une chaîne de ténébreuses volutes, puis bientôt fait tomber la pluie du haut de l'air obscurci, tandis que la mer se soulève sous les coups de rame des rameurs. Cependant, laissant derrière lui la Dardanie et le sol troyen, Pâris longe l'embouchure du lac Ismarien [4]; puis, bientôt, après avoir passé les hauteurs [5] du Pangée de Thrace, il voit apparaître le tombeau de Phyllis, fidèle à son époux [6]; puis il aperçoit le vestige aux neuf circuits du sentier vagabond que tu as parcouru, Phyllis, en gémissant, lorsque tu attendais que Démophon te revînt sain et sauf des bourgs de l'Attique. Puis il voit, au sortir de [7] l'opulente terre d'Hémonie,

1. Προϐέϐουλε, parfait utilisé avac la valeur d'un aoriste; cf. Nonnos, *Dion.* VIII, 236.

2. Giangrande, *J. H. S.* LXXXIX (1969) 151, propose d'adopter, après Julien, la conjecture de ABK ἱλασκόμενος, le participe présent indiquant, selon lui, que les supplications de Pâris se sont répétées parce qu'il hésitait à se lancer sur la mer; cependant, ἱλασσάμενος (Schneider), qui est plus proche de la leçon de l'archétype, semble préférable, les supplications ayant eu lieu avant que Pâris ne prît la mer.

'Επίκουρον est la leçon des manuscrits; la conjecture de Reiske ἐπίουρον « surveillante », ne se justifie pas et s'applique moins bien qu'ἐπίκουρον « protectrice ».

Αὐτῆμαρ προβέβουλε καὶ αὐτῆμαρ κάμε νῆας,
νῆας δ' οὐκ ἐνόησε καὶ οὐκ ἤσκησεν Ἀθήνη.
Ἄρτι μὲν Ἰδαίων ὀρέων ἠλλάξατο πόντον
καὶ λεχέων ἐπίκουρον ἐφεσπομένην Ἀφροδίτην
πολλάκις ἀκταίοισιν ἱλασσάμενος θυέεσσιν
ἔπλεεν Ἑλλήσποντον ἐπ' εὐρέα νῶτα τιθήνης.
Τῷ δὲ πολυτλήτων σημήια φαίνετο μόχθων·
κυανέη μὲν ὕπερθεν ἀναθρῴσκουσα † θάλασσα †
οὐρανὸν ὀρφναίων ἑλίκων ἐζώσατο δεσμῷ
εἶθαρ ἀμιχθαλόεντος ἀπ' ἠέρος ὄμβρον ἱεῖσα,
ἐκλύσθη δέ τε πόντος ἐρεσσομένων ἐρετάων.
Τόφρα δὲ Δαρδανίην καὶ Τρώιον οὖδας ἀμείψας
Ἰσμαρίδος μεθέηκε παραπλώων στόμα λίμνης·
αἶψα δὲ Θρηικίοιο μετὰ ῥία Παγγαίοιο
Φυλλίδος ἀντέλλοντα φιλήνορος ἔδρακε τύμβον
καὶ δρόμον ἐννεάκυκλον ἀλήμονος εἶδε κελεύθου,
ἔνθα διαστείχουσα κινύρεο, Φυλλίς, ἀκοίτην
δεχνυμένη παλίνορσον ἀπήμονα Δημοφόωντα,
ὁππότε νοστήσειεν Ἀθηναίης ἀπὸ δήμων.
Τῷ δὲ βαθυκλήροιο διὲκ χθονὸς Αἰμονιήων

199-200 om. *b* ‖ **200** νῆας δ' Abel : νῆας ἇς M ‖ **201** ἄρτι M : ἀντὶ *b* ‖ ὀρέων *b* : ὀρέος M ‖ **203** ἱλασσάμενος Schneider (cf. Tryphiod. 687) : ἱλασσόμενος MCDE ἱλησσόμενος G¹ ἱλασκο- ABG²K ‖ **204** ἔπλεεν *b* : εεν solum M, ἔλλ]εεν corr. M^b ‖ τιθήνης [τηθ- C¹] *b* : θαλάσσης MC² γαλήνης Lennep ‖ **206** θάλασσα X corruptum: καλύπτρη coni. Weinberger ‖ **207** οὐρανὸν *b* : -νὸς M ‖ ὀρφναίων [ὀρφαί-M]M *b* : -αίῳ GK ‖ ἑλίκων M : ἑλικῶν *b* ‖ δεσμῷ X : δεσμῶν C ‖ **208** εἶθαρ Hermann : ηδ' ἆρ M ἦ δ' ἆρ (uel ἄρ-) *b* ‖ ἀμιχθαλόεντος (uel -α μιχθαλ-) *b* (cf. Callim. fr. 18, 8 Pfeiffer) : ἀνοχθαλόεντος M ‖ ἀπ' K : ὑπ M ἐπ' *b* ‖ ιεῖσα M : ἀνεῖσα *b* ‖ **209** δέ τε X : δ' ὕπο Hermann ‖ ἐρεσσομένων X : ἐπειγομένων Abel ‖ **210** Δαρδανίην Schneider : -νίδην M -νιον *b* ‖ ἀμείψας *b* : ἀμείβων M ‖ **212** θρηϊκίοιο MA²D : θρηϊκίου E¹ (-ιοιο E²) θρηϊκοῖο CGK θρηκίοιο A¹B ‖ μετὰ ῥία Bekker : μετάρρια AG μετάῤῥία K μεταρρία BCDE μετούρεα M ‖ **215** κινύρεο M : κινύρετο *b* ‖ ἀκοίτην *b* : ἀκρίτην M ‖ **216** δεχνυμένη anon. : -μένην M ἀχνυμένη *b* ‖ ἀπήμονα X : ἀγήνορα Tournier ‖ **217** δήμων M *b* : δήμου C².

monter bientôt à l'horizon les joyaux[1] de la terre achéenne, la Phthie nourricière de héros et Mycènes aux larges rues. Ensuite, après avoir longé les humides plaines de l'Érymanthe[2] qui se dresse dans le ciel, il découvre Sparte, la cité des belles femmes, la ville bien-aimée de l'Atride, étendue au bord de l'Eurotas. Puis, située au pied du bois touffu qui couvre la montagne, il contemple, toute proche, la charmante Thérapné[3]. Il n'y avait plus une longue navigation à faire; depuis un long moment la mer ne retentissait plus du bruit de rames battant l'eau et, sur les rivages aux belles baies, les amarres du vaisseau sont lancées et attachées par les matelots chargés des travaux de mer.

Alors, Pâris se baigne dans le torrent limpide[4], puis sort de l'eau avec circonspection, pour éviter que ses pieds charmants ne soient souillés[5] de poussière et que, s'il se hâte trop, les souffles du vent[6], fondant sur son bonnet, ne viennent déranger ses cheveux bouclés.

Puis il regarde les hautes demeures des habitants hospitaliers et les temples du voisinage; il mesure la beauté de la ville; il voit ici la statue en or de l'Athéna indigène; là, passant par un détour devant le trésor chéri d'Apollon Carneios, il aperçoit la maison de l'Hyacinthe[7] amycléen. Jadis, le peuple d'Amyclées,

1. Ἄνθεα, leçon de l'archétype, est préférable à ἄστεα de K, qui semble n'être qu'une glose passée dans le texte et à ἤθεα, « séjours, demeures », conjecture de Tournier. Ἄνθος se dit cependant plutôt des hommes; cf. Euripide, *Troy.* 809 Ἑλλάδος ἄνθος. Ici, les « fleurs » de la terre achéenne sont la Phthie, nourricière de héros, en tant que patrie d'Achille et de ses Myrmidons (cf. *Il.* I, 155) et l'Argolide, dont la capitale était Mycènes riche en or et « aux larges rues », ce qui était aussi un signe d'opulence. Collouthos, pour faire bref, comme il est d'usage dans l'*epyllion*, ne rappelle que les points essentiels de l'itinéraire suivi par Pâris.

ἐξαπίνης ἀνέτελλεν Ἀχαιίδος ἄνθεα γαίης,
Φθίη βωτιάνειρα καὶ εὐρυάγυια Μυκήνη.
Ἔνθεν ἀνερχομένοιο παρ' εἰαμενὰς Ἐρυμάνθου
Σπάρτην καλλιγύναικα, φίλην πόλιν Ἀτρείωνος,
κεκλιμένην ἐνόησεν ἐπ' Εὐρώταο ῥεέθροις.
Ἄγχι δὲ ναιομένην ὑπὸ δάσκιον οὔρεος ὕλην
γείτονα παπταίνων ἐρατὴν θηεῖτο Θεράπνην.
Οὔπω κεῖθεν ἔην δολιχὸς πλόος, οὐδὲ γαλήνης
δηρὸν ἐρεσσομένων ἠκούετο δοῦπος ἐρετμῶν,
καὶ χθονὸς εὐκόλποισιν ἐπ' ἠιόνεσσι βαλόντες
πείσματα νηὸς ἔδησαν, ὅσοις ἁλὸς ἔργα μεμήλει.
Αὐτὰρ ὁ χιονέοιο λοεσσάμενος ποταμοῖο
ᾤχετο φειδομένοισιν ἐπ' ἴχνεσιν ἴχνος ἐρείδων,
μὴ πόδες ἱμερόεντες ὑποχραίνοιντο κονίῃς,
μὴ πλοκάμων κυνέῃσιν ἐπιβρίσαντες ἐθείρας
ὀξύτερον σπεύδοντος ἀναστέλλοιεν ἀῆται.
Ἄρτι μὲν αἰπύδμητα φιλοξείνων ναετήρων
δώματα παπταίνων καὶ γείτονας ἐγγύθι νηοὺς
ἄστεος ἀγλαΐην διεμέτρεεν, ἔνθα μὲν αὐτῆς
χρύσεον ἐνδαπίης θηεύμενος εἶδος Ἀθήνης,
ἔνθα δὲ Καρνείοιο φίλον κτέρας Ἀπόλλωνος 239
οἶκον Ἀμυκλαίοιο παραγνάμψας Ὑακίνθου· 239b

218 διὲκ Vian : διὰ X δίχα Schneider ‖ **219** ἀνέτελλεν M *b* : ἀνέτειλεν AB ‖ ἄνθεα M *b* : ἄστεα GK ‖ **220** post βωτιάνειρα lac. suspic. Tournier ‖ **221** ἔνθεν ἀνερχ- X : ἔνθεν ἄρ ἐρχ- Schneider ἔνθα κατερχ- Graefe ‖ Ἐρυμάνθου X : corruptum? ‖ **223** ante 222 transp. Graefe ‖ ἐνόησεν ἐπ' M : ἐνόησε παρ' *b* ‖ **229** ἔδησαν *b* (et K^2) : ἔδασαν K^1 ἔλυσαν M ‖ ἁλὸς M : ναὸς *b* ‖ μεμήλει M (cf. Apoll. Rh. *Argon.* II 991) : μέμηλεν *b* ‖ **230** ὁ X : del. M^2 ‖ **231** ἐπ' *b* : ὑπ' M ‖ ἐρείδων M : ἐρείσας *b* ‖ **232** ὑποχραίνοιντο G^2K^2 : ὑπανχράντοιο M ὑπ' ἀχράντοιο $ABCDEG^1K^1$ ‖ κονίῃς Vian : κονίης X ‖ **233** κυνέῃσιν M : κυνέηθεν *b* ‖ ἐθείρας M : ἔθειραι *b* ‖ **234** σπεύδοντος *b* : σπεύδοντες M ‖ ἀναστέλ(λ> οιεν M : ἐπαντέλ(λ)οιεν *b* ‖ ἀῆται M *b* : ἀηταῖς G^2K^2 ‖ **236** νηοὺς MCE : νηοῦς ABDG νηὸῦς K ‖ **239-239**^{b} φίλον — Ἀμυκλαίοιο om. *b* ‖ **239**^{b} παραγνάμψας Vatic. Palat. 319 : παραγνάψας X.

en le voyant jouer avec Apollon se demandait avec étonnement si par hasard n'il avait pas été conçu et mis au monde lui aussi par Létô [1]; mais Apollon ne savait pas qu'il gardait l'enfant pour le jaloux Zéphyre ; et la terre, complaisante au roi en pleurs, avait fait pousser une fleur pour consoler Apollon, une fleur qui porte le nom de l'adolescent tant aimé !

Déjà, près du palais tout proche de l'Atride, Pâris se tient fier de ses grâces divines. Non, Zeus n'a pas eu de Thyôné [2] un fils plus charmant ! Pardonne-moi, Dionysos ! Certes, tu es issu de Zeus ; mais ce prince lui aussi [3] est beau par les grâces de son visage ! Soudain, Hélène ouvre la porte de sa demeure hospitalière et passe dans la cour du palais. Elle aperçoit devant la porte le beau jeune homme ; à peine l'a-t-elle vu qu'elle l'appelle et le conduit au fond du palais ; elle l'invite à s'asseoir sur un fauteuil d'argent tout neuf. Elle ne se lasse point de le regarder : d'abord elle s'imagine

1. La plupart des manuscrits portent σκυζομένη καὶ τοῦτον ἀνήγαγεν « irritée, elle le mit lui aussi (Hyacinthe) au monde ». Selon Giangrande, *J.H.S.* LXXXIX (1969) p. 252, il y aurait là, à l'intention des érudits, une allusion aux longues errances de Létô, mal protégée par Zeus, lorsqu'elle dut chercher sur toute la terre un lieu accueillant pour pouvoir mettre au monde Apollon et Artémis ; mais ni l'*Hymne homérique à Apollon I* ni l'*Hymne à Délos* de Callimaque, ni Apollodore n'attribuent à la « douce et clémente » Létô un sentiment de ce genre (Hésiode, *Théog.*, 406-408) : ils ne parlent que de l'irritation d'Héra ; aussi avons-nous accepté de préférence la conjecture de Lehrs, κυσαμένη.

2. Thyôné, nom « divin » donné par Dionysos à sa mère mortelle, Sémélé, lorsqu'il la fit remonter de l'Hadès pour l'emmener avec lui, au ciel, comme une divinité, cf. Apollodore, *Bibl.* III, 5, 3 (38 W).

3. Sur l'humour de cette apostrophe, cf. *Introd.* p. XXXI.

ὅν ποτε κουρίζοντα σὺν Ἀπόλλωνι νοήσας
δῆμος Ἀμυκλαίων ἠγάσσατο, μὴ Διὶ Λητὼ
κυσαμένη καὶ τοῦτον ἀνήγαγεν· αὐτὰρ Ἀπόλλων
οὐκ ἐδάη Ζεφύρῳ ζηλήμονι παῖδα φυλάσσων·
Γαῖα δὲ δακρύσαντι χαριζομένη βασιλῆι
ἄνθος ἀνηέξησε, παραίφασιν Ἀπόλλωνι,
ἄνθος ἀριζήλοιο φερώνυμον ἠβητῆρος.
  Ἤδη δ' ἀγχιδόμοισιν ἐπ' Ἀτρείδαο μελάθροις
ἵστατο θεσπεσίῃσιν ἀγαλλόμενος χαρίτεσσιν.
Οὐ Διὶ τοῖον ἔτικτεν ἐπήρατον υἷα Θυώνη·
ἱλήκοις, Διόνυσε· καὶ εἰ Διός ἐσσι γενέθλης,
καλὸς ἔην κἀκεῖνος ἐπ' ἀγλαΐῃσι προσώπου.
Ἡ δὲ φιλοξείνων θαλάμων κληῖδας ἀνεῖσα
ἐξαπίνης Ἑλένη μετεκίαθε δώματος αὐλήν·
καὶ θαλερὸν προπάροιθεν ὀπιπεύουσα θυράων
ὡς ἴδεν, ὣς ἐκάλεσσε καὶ ἐς μυχὸν ἤγαγεν αὐλῆς
καί μιν ἐφεδρήσσειν νεοπηγέος ὑψόθεν ἕδρης
ἀργυρέης ἐπέτελλε. Κόρον δ' οὐκ εἶχεν ὀπωπῆς,

240 ὅν MGK : οὗ BC οὕ E οὔ AD ‖ **241** ἀμυκλαίων *b* : αμυκλέον M ‖ μὴ MABCD : δὴ EG ‖ διὶ *b* M^b : δὴ M δέ οἱ G^2K^1 δὲ διὶ K^2 ‖ **242** v. om. M, spatio relicto : add. M^b ‖ κυσαμένη Lehrs : σκυζομένη X κλυζομένη D κυσσαμένη Graefe ‖ **243** ζηλήμονι M : καὶ [om. C] ζηλήμονα *b* ‖ **245-291** desunt in K folio amisso ‖ **245** ἀνηέξησε M *b* : ἀναυήξεσε G^2 ‖ παραίφασιν *b* : -φασειη M ‖ Ἀπόλλωνι *b* : -ωνος M ‖ **246** om. M ante 245 transp. C ‖ **247** ἀγχιδόμοισι(ν) [ἄγχι δ- G] *b* M^b : αγχειμωροισιν M ‖ **248** χαρίτεσσιν om. M, add. M^b ‖ **249** υἷα θυώνη om. M : υἷα θοώνη *b* et in textu add. M^b ‖ **250** ἱλήκοις M G : ἱλίκοις C ἡλίκοις BDE ἡλίκοι A ‖ **251** κἀκεῖνος MG : καὶ κεῖνος ABDE καὶ ἐκεῖνος C ‖ προσώπου *b* : προσώπον M ‖ **252** κληῖδας CD : κλῆδας M κληΐδος ABEG ‖ **254** θαλερὸν M : θαλερῶν *b* ‖ ὀπιπεύουσα MA : -πτεύουσα CDEG ὀπιστεύουσα B ‖ **255** ἐκάλεσσε M : ἐνόησε *b* ‖ αὐλῆς *b* : αὐλήν M οἴκου Bekker (cf. Nonn. *Dion.* III 423) ‖ **256** ἐφεδρήσσειν MCD : ἐφεδρήσειν AEG ἐφαιδρύσσειν B ‖ νεοπηγέος κτλ. scripsit M^b ut vid. ‖ **257** post uersum lac. cum ⟨ἄλλοτε μὲν⟩ suspic. Hermann.

qu'elle a sous les yeux le fils d'or de Cythérée, le protecteur des chambres nuptiales; mais elle finit par se rendre compte qu'il n'est pas Érôs, car elle n'a pas vu le carquois avec ses flèches. A maintes reprises, elle croit que c'est le roi des pampres [1] dont elle voit le visage au regard charmant; mais elle n'aperçoit pas le fruit gonflé des pampres déployé sur son cou gracieux. Finalement, étonnée, elle fait entendre ces mots :

« Étranger, d'où viens-tu? Dis-nous aussi [2] ton aimable race ! Ta beauté te donne l'air d'un roi glorieux. Mais je ne connais pas ta famille en Grèce. Je connais pourtant toute la descendance de l'irréprochable Deucalion [3]; tu n'habites pas la Pylos [4] des Sables, terre de Nélée — je connais Antiloque [5], mais toi, je ne t'ai jamais vu —, ni la charmante Phthie, nourricière de preux; je connais toute l'illustre lignée des Éacides [6], Pélée et sa beauté, Télamon et sa gloire, Patrocle et sa noblesse, Achille et sa vaillance ».

Tels sont les mots que, dans sa passion, la jeune femme adresse à Pâris d'une voix mélodieuse; celui-ci lui répond, en un propos doux comme le miel :

« Peut-être t'a-t-on parlé d'un certain pays situé sur le territoire de la Phrygie, Ilion, que fortifia Poséidon, en compagnie d'Apollon; peut-être as-tu entendu nommer un certain roi opulent de Troade,

1. Dionysos, dieu de la vigne et du vin.

2. Imitation littérale de l'*Odyssée* I, 10, où l'expression a un sens légèrement différent. Homère en effet, s'adressant à la Muse, lui demande : « Dis-nous, à nous aussi, ... », c'est-à-dire aux auditeurs présents.

3. Deucalion, fils de Prométhée et de Clyméné avait formé, avec sa femme Pyrrha, le couple qui avait fait sortir du sol la race humaine : cf. Apollodore, *Bibl.* I, 7, 2 (48 W).

ἄλλοτε δὴ χρύσειον ὀισαμένη Κυθερείης
κοῦρον ὀπιπεύειν θαλαμηπόλον· ὀψὲ δ' ἀνέγνω
ὡς οὐκ ἔστιν Ἔρως· βελέων δ' οὐκ εἶδε φαρέτρην.
Πολλάκι δ' ἀγλαΐῃσιν ἐυγλήνοιο προσώπου
παπταίνειν ἐδόκευε τὸν ἡμερίδων βασιλῆα·
ἀλλ' οὐχ ἡμερίδων θαλερὸν ἐδόκευεν ὀπώρην
πεπταμένην χαρίεντος ἐνὶ ξυνοχῇσι καρήνου.
Ὀψὲ δὲ θαμβήσασα τόσην ἀνενείκατο φωνήν·
« Ξεῖνε, πόθεν τελέθεις; Ἐρατὸν γένος εἰπὲ καὶ ἡμῖν.
Ἀγλαΐην μὲν ἔοικας ἀριζήλῳ βασιλῆι,
ἀλλὰ τεὴν οὐκ οἶδα παρ' Ἀργείοισι γενέθλην.
Πᾶσαν Δευκαλίωνος ἀμύμονος οἶδα γενέθλην·
οὐ Πύλον ἠμαθόεσσαν ἔχεις, Νηλήιον οὖδας,
— Ἀντίλοχον δεδάηκα, τεὴν δ' οὐκ εἶδον ὀπωπήν —·
οὐ Φθίην χαρίεσσαν, ἀριστήων τροφὸν ἀνδρῶν,
οἶδα περικλήιστον ὅλον γένος Αἰακιδάων,
ἀγλαΐην Πηλῆος, ἐυκλείην Τελαμῶνος,
ἤθεα Πατρόκλοιο καὶ ἠνορέην Ἀχιλῆος. »
Τοῖα Πάριν ποθέουσα λιγύθροος ἔννεπε νύμφη·
αὐτὰρ ὁ μειλιχίην ἠμείβετο γῆρυν ἀνοίξας·
« Εἴ τινά που Φρυγίης ἐνὶ πείρασι γαῖαν ἀκούεις,
Ἴλιον, ἣν πύργωσε Ποσειδάων καὶ Ἀπόλλων·
εἴ τινά που πολύολβον ἐνὶ Τροίῃ βασιλῆα

258 totum uersum scripsit M^b ut uid. ‖ δὴ X : δὲ Hermann, uid. uers. praec. ‖ ὀισαμένη Bekker : ὀισσαμένη [-σσο- M] X ‖ **259**]πεύειν κτλ. scripsit M^b ut vid. ‖ ὀπιπεύειν M : -πτεύειν *b* ‖ **260** βελέων MCDEG : βολέων AB ‖ εἶδε M*b* (et L^2) : εἶχε L^1 ‖ **261** ἀγλαΐῃσιν ABCD : -ῃσι MEG ‖ ἐυγλήνοιο *b* : ἐυγλήνοισι M εὐγαλήνοιο M^b ‖ προσώπου *b* M^b : προσώπων M ‖ **262** τὸν CG : τῶν ABDE om. M ‖ ἡμερίδων *b* : μερίδων M ‖ **263-264** om. *b* ‖ οὐχ ἡμερίδων anon. : ὀκημερίδων M ‖ **264** πεπταμένην Bekker : -μένη M ‖ ἐνὶ M : ἐπὶ Hermann ‖ **265** θαμβήσασα X : θαρσήσασα Koene ‖ **267** ἀγλαΐην *b* : αγλαΐη M ‖ **269** om. *b* ‖ δευκαλίωνος Bekker : δ' εὐκάμωνος M ‖ **271** δ' om. *b* ‖ **272** τροφὸν *b* : γένος M ‖ **273** οἶδα περικλήϊστον *b*: οὐδ' ἀπερικλήϊστον M ‖ **276** πάριν M: πόθῳ *b* ‖ λιγύθροος *b* : λιγύθρονος M ‖ **278** εἰ *b* : ἥν M ἄν C^2.

issu de la féconde race du Cronide; eh bien ! c'est là qu'en qualité de prince, j'exerce tous les devoirs de ma lignée. Je suis, femme, le fils bien-aimé de Priam riche en or; je suis un Dardanide, et Dardanos [1] avait pour ancêtre Zeus; les deux dieux descendent même de l'Olympe pour se mettre à notre service, malgré leur condition d'immortels; et c'est l'un d'eux qui a construit les murailles de notre patrie, murailles indestructibles... [Poséidon et Apollon [2]]. Oui, reine, j'ai aussi jugé entre les déesses du ciel. Lorsqu'elles étaient fâchées, je me suis montré favorable à la beauté de Cypris et à ses traits charmants; et elle, en récompense de ce que j'ai fait pour elle, a promis de me donner une épouse illustre et charmante qu'on appelle Hélène, la sœur d'Aphrodite. C'est pour elle que j'ai enduré de traverser tant de mers [3]. Viens ! Unissons-nous en mariage, puisque Cythérée l'ordonne. Veuille ne pas me mépriser, ni faire mentir ma protectrice Cypris. Je ne dirai pas... Mais pourquoi t'apprendre ce que tu sais si bien? Tu n'ignores pas que Ménélas est issu d'une lignée débile [4], s'il est vrai que les femmes sont telles qu'on le dit chez les Argiens : bien qu'elles grandissent avec un corps plus faible, elles ont bien figure d'hommes, mais ce ne sont que fausses femmes ! »

Il dit; Hélène fixe sur le sol son regard charmant,

1. Dardanos, fils de Zeus et d'Electra, fille elle-même d'Atlas; Dardanos est le fondateur de Dardanos ou de la Dardanie; cf. Apollodore, *Bibl.* III, 12, 1 (138 W).

2. Ποσειδάων καὶ ᾿Απόλλων : cet hémistiche provient du v. 279 et s'est substitué au texte authentique.

3. Καὶ n'est pas un pléonasme; cf. Musée, *Héro et Léandre* 203. Pâris traversera même une large étendue de mer.

ἔκλυες εὐώδινος ἀπὸ Κρονίδαο γενέθλης·
ἔνθεν ἀριστεύων ἐμφύλια πάντα διώκω.
Εἰμί, γύναι, Πριάμοιο πολυχρύσου φίλος υἱός,
εἰμὶ δὲ Δαρδανίδης· ὁ δὲ Δάρδανος ἐκ Διὸς ἦεν,
ᾧ καὶ ἀπ᾽ Οὐλύμποιο θεοὶ ξυνήονες ἄμφω
πολλάκι θητεύουσι καὶ ἀθάνατοί περ ἐόντες·
ὧν ὁ μὲν ἡμετέρης δωμήσατο τείχεα πάτρης,
τείχεα μὴ πίπτοντα, † Ποσειδάων καὶ Ἀπόλλων †
. . . .
Αὐτὰρ ἐγώ, βασίλεια, δικασπόλος εἰμὶ θεάων.
Καὶ γὰρ ἀκηχεμένῃσιν ἐπουρανίῃσι δικάζων
Κύπριδος ἀγλαΐην καὶ ἐπήρατον ᾔνεσα μορφήν·
ἡ δὲ περικλήιστον, ἐμῶν ἀντάξιον ἔργων,
νύμφην ἱμερόεσσαν ἐμοὶ κατένευσεν ὀπάσσαι
ἣν ʽΕλένην ἐνέπουσι, κασιγνήτην Ἀφροδίτης,
ἧς ἕνεκεν τέτληκα καὶ οἴδματα τόσσα περῆσαι.
Δεῦρο γάμον κεράσωμεν, ἐπεὶ Κυθέρεια κελεύει·
μή με καταισχύνειας, ἐμὴν μὴ Κύπριν ἐλέγξῃς.
Οὐκ ἐρέω... Τί δὲ τόσσον ἐπισταμένην σε διδάξω;
Οἶσθα γὰρ ὡς Μενέλαος ἀνάλκιδός ἐστι γενέθλης,
εἰ τοῖαι γεγάασιν ἐν Ἀργείοισι γυναῖκες·
καὶ γὰρ ἀκιδνοτέροισιν ἀεξόμεναι μελέεσσιν
ἀνδρῶν εἶδος ἔχουσι, νόθοι δ᾽ ἐγένοντο γυναῖκες. »
ʼΈννεπεν· ἡ δ᾽ ἐρόεσσαν ἐπὶ χθονὶ πῆξεν ὀπωπὴν

281 ἔκλυες MCG : ἔκλεες BDE ἔκχεε A ‖ εὐώδινος MACD : εὐωδίνος B εὐώδινον E εὐώδιον G ‖ ἀπὸ M : ὑπὸ *b* ‖ **284** om. M ‖ **285** ᾧ καὶ M : ἔνθεν *b* ‖ ξυνήονες M : ξεινήονες A^2 BCDEG^2 ξεινήοντες A^1G^1 ‖ ἄμφω M : ἀνδρῶν *b* ἄμμι Weinberger ἔργων Tournier ‖ **287** ὁ *b* : οἱ M ‖ **288** μὴ πίπτοντα *b* μαρμαίροντα τὰ M ‖ Ποσειδάων καὶ Ἀπόλλων corruptum et damn. Bernhardy ‖ post uersum lac. stat. Schneider ‖ **292** ἀντάξιον *b* : ἀνταξίων M ‖ **293** ὀπάσσαι MD : ὀπάσσας ABCEGK ‖ **297** μὴ Graefe : om. M καὶ *b* ‖ ἐλέγξῃς *b* : ἐλέγξας M ‖ **300** εἰ M : οὐ *b* ‖ **301** om. M ‖ **302** νόθοι—γυναῖκες *b* : νοθος δε γένοντο γυναικων M.

longtemps indécise et sans répondre. Finalement elle s'enhardit et lui dit ces mots :

« Est-il sûr, étranger, que c'est Poséidon, qui, jadis, a bâti les fondations de ta patrie, en compagnie d'Apollon? Je voudrais bien voir ces fameuses merveilles, œuvre des Immortels, et entendre l'air mélodieux que jouait le berger Apollon, lorsqu'aux avancées des portes bâties par les dieux, souvent Apollon suivait ses bœufs aux jambes torses. Vite ! Emmène-moi de Sparte à Troie ! Je vais te suivre, comme Cythérée, reine du mariage, l'ordonne. Je ne redoute pas Ménélas, lorsqu'il saura que je suis à Troie ! »

Tel est l'accord que propose la jeune femme aux belles chevilles.

Et la nuit, répit accordé aux fatigues après la course du soleil, la nuit dispensatrice de sommeil, dépasse le jour et arrive pour prendre sa suite; elle ouvre la double porte des songes [1], celle de la vérité, qui a un décor brillant de corne et d'où jaillissent les oracles véridiques des dieux, et celle de la fourberie [2], qui alimente les songes vains. Pâris emmène Hélène sur le pont des vaisseaux coureurs des mers, loin du palais de l'hospitalier Ménélas; et, orgueilleux plus que de

1. La description des Portes des songes est empruntée à *Od.* XIX, 562-567.

2. A côté de τὴν δολοφροσύνης, celle de la fourberie, plusieurs manuscrits (v. N.C. ci-contre v. 329) donnent en marge une variante, τὴν δ'ἐλεφαντίνην, qui, bien qu'adoptée dans le texte par Tournier, n'est qu'une glose inspirée du passage de l'Odyssée cité ci-dessus. Le Poète (ou un interpolateur, selon V. Bérard, *Odyssée*, Belles-Lettres, t. III, note pp. 90-91) y joue sur les mots ἐλέφαντος d'ivoire, et ἐλεφαίρονται, trompent, ἀκράαντα, irréalisables, κεράων cornes et κραίνουσι, réalisent. V. Bérard remarque que, malgré ces « calembours puérils », le passage soulevait pourtant l'admiration des Anciens. Platon, *Charmide* 173*a*, y fait allusion.

δηρὸν ἀμηχανέουσα καὶ οὐκ ἠμείβετο νύμφη.
Ὀψὲ δὲ θαρσήσασα τόσην ἀνενείκατο φωνήν·
« Ἀτρεκέως, ὦ ξεῖνε, τεῆς ποτε πυθμένα πάτρης
τὸ πρὶν ἐδωμήσαντο Ποσειδάων καὶ Ἀπόλλων;
Ἤθελον ἀθανάτων δαιδάλματα κεῖνα νοῆσαι
καὶ νόμον οἰονόμοιο λιγύπνοον Ἀπόλλωνος,
ἔνθα θεοδμήτοισι παρὰ προμολῇσι πυλάων
πολλάκις εἰλιπόδεσσιν ἐφέσπετο βουσὶν Ἀπόλλων.
Ἀγρέο νῦν Σπάρτηθεν ἐπὶ Τροίην με κομίζων.
Ἕψομαι, ὡς Κυθέρεια γάμων βασίλεια κελεύει.
Οὐ τρομέω Μενέλαον, ὅτ' ἐν Τροίῃ με νοήσῃ. »
Τοίην συνθεσίην καλλίσφυρος ἔννεπε νύμφη.
Νὺξ δέ, πόνων ἄμπαυμα μετ' ἠελίοιο κελεύθους
ὕπνον ἐλαφρίζουσα, παρήορον ὤπασεν ἠῶ
ἐρχομένη· δοιὰς δὲ πύλας ὤιξεν ὀνείρων,
τὴν μὲν ἀληθείης — κεράων ἀπελάμπετο κόσμος —
ἔνθεν ἀναθρῴσκουσι θεῶν νημερτέες ὀμφαί,
τὴν δὲ δολοφροσύνης, κενεῶν θρέπτειραν ὀνείρων.
Αὐτὰρ ὁ ποντοπόρων Ἑλένην ἐπὶ σέλματα νηῶν
ἐκ θαλάμων ἐκόμισσε φιλοξείνου Μενελάου·

305 ὀψὲ *b* : αἶψα M ‖ θαρσήσασα L : θαμβήσασα X ‖ τόσην K : τόσσην X ‖ **306** πυθμένα M : τείχεα *b* ‖ **307** τὸ M *b* : τὰ GK ‖ **309** νόμον M : νομὸν *b* ‖ οἰονόμοιο λιγύπνοον Bekker : οἷον ὁμοιολιγύπν- M οἰοπόλοιο λιγύπν- *b* ‖ **310** προμολῇσι GK : προμηλῇσι ABCD προθυρῇσι E προθύροισι M ‖ **312** ἀγρέο Schneider : ἀγρεο M ἄγρεο DEGK ἔγρεο ABC (cf. Nic. *Ther.* 666) ‖ κομίζων M *b* : κόμισσον G²K² ‖ **313** γάμων *b* : γάμον M ‖ **314** ὅτ' ἐν Aldina : ὅτ' ἂν M ὅτε *b* ‖ **316-321** transp. post 368 Abel ‖ **316** νὺξ CDEGK : νῦν MA ‖ μετ' *b* : μέγ' M ‖ κελεύθους MABCGK : κελεύθοις DE ‖ **317** ὕπνον ἐλαφρίζουσα *b* : υποτραφίζουσα M ‖ παρήορον M : μετήορον *b* ‖ ὤπασεν ἠῶ (uel ἠώ) *b* : ὤπασα δ' ἠώ M ‖ **318** ἐρχομένη ABD : ἀρχομένη CEGK -μένην M ‖ δοιὰς *b* : οἵας M ‖ πύλας *b* : θύρας M ‖ ὤιξεν ὀνείρων *b* : -ξε πυλάων M ‖ **319** τὴν MGK : τῇ *b* ‖ ἀληθείης *b* : ἀληθεις M ‖ κόσμος AB : κόσμον M κόσμῳ CDEGK ‖ **320** ἀναθρῴσκουσι *b* : -κουσα M ‖ **321** δὲ δολοφροσύνης M *b* : δ' ἐλεφαντίνην G²K² i.m. ‖ **323** φιλοξείνου M : -νων *b*.

raison de la promesse de Cythérée, il emporte en toute hâte vers Ilion sa cargaison de guerre.

Mais Hermione, jetant aux vents son voile, gémit avec bien des larmes, au lever de l'aurore. Souvent, quittant sa chambre en compagnie de ses servantes, elle pousse des cris aigus et profère ces mots :

« Servantes, où s'en est allée ma mère, qui m'a abandonnée tout éplorée? Hier avec moi elle avait pris les clefs de notre chambre et s'était endormie après s'être mise au lit à mes côtés ».

Elle dit, elle pleure et les servantes gémissent avec elle. Rassemblées des deux côtés du vestibule, les femmes essaient de retenir Hermione en pleurs.

« Enfant gémissante [1], cesse de te lamenter. Ta mère est partie, mais elle va revenir ! Tu pleureras encore quand tu la reverras. Vois, tes yeux sont ravagés [2] par les larmes, tes joues si fraîches sont flétries [3] par le torrent de tes pleurs. Peut-être est-elle allée assister à une assemblée de jeunes femmes [4]? Elle s'est égarée et a perdu son chemin et s'est arrêtée dans son désarroi; arrivée à la prairie des Heures [5], elle s'est assise dans la plaine couverte de rosée; ou bien, après s'être baignée dans le fleuve de ses pères, elle a quitté ses

1. Τέκνον ὀδυρομένη : accord selon le sens de τέκνον (équivalent à θύγατερ); cf. *Il.* V, 382 : Τέτλαθι, τέκνον ἐμόν, καὶ ἀνάσχεο κηδομένη περ; *Anacréontica*, 31, 16-17 βρέφος..! φέροντα τόξον.

2. Ὑπημύουσι, littéralement : sont affaissées; cf. Hesych., *s.u.* ἐμμήμυκεν· καταμήμυκεν ἢ ἐπικέκλιται. — Selon Aristarque, être complètement baissé (en parlant de la tête). ὑπημύουσι ne peut avoir pour sujet qu'ὀπωπαί, les yeux.

3. Μινύθουσι littéralement : diminuent, ne peut de son côté avoir pour sujet que παρειαί les joues. Aux v. 338-339. Tournier a donc eu raison d'intervertir les sujets.

4. Le mot νυμφάων ne signifie pas nymphes, mais jeunes femmes (cf. v. 276).

κυδιόων δ' ὑπέροπλον ὑποσχεσίῃ Κυθερείης
φόρτον ἄγων ἔσπευδεν ἐς Ἴλιον ἰωχμοῖο.
Ἑρμιόνη δ' ἀνέμοισιν ἀπορρίψασα καλύπτρην
ἱσταμένης πολύδακρυς ἀνέστενεν ἠριγενείης·
πολλάκι δ' ἀμφιπόλους θαλάμων ἔκτοσθε λαβοῦσα,
ὀξύτατον βοόωσα τόσην ἀνενείκατο φωνήν·
« Παῖδες, πῇ με λιποῦσα πολύστονον ᾤχετο μήτηρ,
ἣ χθιζὸν σὺν ἐμοὶ θαλάμων κληῖδας ἑλοῦσα
ἔδραθεν ὑπνώουσα καὶ ἐς μίαν ἤλυθεν εὐνήν; »
Ἔννεπε δακρυχέουσα, συνωδύροντο δὲ παῖδες.
Ἀγρόμεναι δ' ἑκάτερθεν ἐπὶ προθύροισιν ἐρύκειν
Ἑρμιόνην στενάχουσαν ἐπειρήσαντο γυναῖκες·
« Τέκνον ὀδυρομένη, γόον εὔνασον. Ὤιχετο μήτηρ,
νοστήσει παλίνορσος· ἔτι κλαίουσα νοήσεις.
Οὐχ ὁράᾳς; Γοεραὶ μὲν ὑπημύουσιν ὀπωπαί,
πυκνὰ δὲ μυρομένης θαλεραὶ μινύθουσι παρειαί.
Ἦ τάχα νυμφάων ἐς ὁμήγυριν ἀγρομενάων
ἤλυθεν, ἰθείης δὲ παραπλάζουσα κελεύθου
ἵσταται ἀσχαλόωσα, καὶ ἐς λειμῶνα μολοῦσα
Ὡράων δροσόεντος ὑπὲρ πεδίοιο θαάσσει·

324 δ' om. *b* ‖ ὑπέροπλον *b* : -οπλος M ‖ ὑποσχεσίῃ X : ὑπηρεσίῃ Hémon ‖ **325** ἐς MC: εἰς *b* ‖ **328** ἀμφιπόλους *b* : -λοις M ‖ ἔκτοσθε(ν) MGK : ἔκτοθε *b* ἔντοσθε Dausque ‖ **329** βοόωσα M : βοῶσα *b* ‖ **330** πολύστονον M : -στονος *b* ‖ **332** ἔδραθεν *b* : ἔπαθον M ‖ **334** ἑκάτερθεν *b* : ἀπάτερθεν M ‖ προθύροισιν MG : προθύρῃσιν *b* ‖ **336** post uersum habet 349 M ‖ **337** νοστήσει X : -τείσῃ C -τήσεις K ‖ post νοστήσει dist. Julien ‖ παλίνορσος MGK : -σον *b* ‖ ἔτι M : ἐπεὶ *b* ‖ κλαίουσα νοήσεις M : -σαν νοήσει [-σεις K] *b* ‖ **338** ὑπημύουσι ABE : ὑπομ- C ὑπημύουσαι DGK ἐπιμύουσι M ‖ -σιν ὀπωπαί Tournier : -σι παρειαί X (uid. uers. sequ.) ‖ **339** πυκνὰ MABCE : πυχνὰ D πυκρὰ G πικρὰ K ‖ μινύθουσι παρειαί Tournier : om. M -σιν ὀπωπαί *b* M^b (uid. uers. praec.) ‖ **340** ἦ τάχα AEGK : ἢ τάχα BCD ητι χά- M ‖ **342** λειμῶνα X et G^2K^2 : χειμῶνα G^1K^1 ‖ **343** δροσόεντος X : ῥοδόεντος Tournier ‖ θαάσσει *b* : θεάσσει M.

eaux et s'est attardée sur les rives de l'Eurotas ».

Mais voici les paroles qu'avec des larmes prononce l'infortunée petite fille :

« Elle connaît la montagne, elle sait le cours des ruisseaux, elle connaît les sentiers qui mènent au Dromos et à la Prairie [1]. Que me dites-vous, femmes? Quand les étoiles s'endorment, elle, elle passe la nuit dans les rochers; et quand les étoiles se lèvent, elle ne revient pas ! Ma mère, où te trouves-tu? Sur quelles montagnes t'es-tu arrêtée? T'es-tu perdue et les bêtes t'ont-elles tuée? Mais les bêtes elles-mêmes redoutent la progéniture du brillant Zeus ! Es-tu tombée, en courant la montagne, sur la poussière, le corps à l'abandon dans la solitude des bois? Mais j'ai exploré les arbres dans l'épaisseur des halliers touffus et jusqu'aux feuilles mêmes et je n'ai pas aperçu ton corps; cependant, je n'incrimine pas la forêt. Est-ce que, dans le lit de l'Eurotas fécond, des eaux dormantes t'ont engloutie tandis que tu nageais et t'ont noyée? Mais au sein des fleuves comme des étendues marines vivent des Naïades qui ne tuent pas les femmes ! ».

Telles sont les plaintes d'Hermione. Et renversant la tête (...) [2]; car le Sommeil est le compagnon du Trépas :

1. 'Ες Δρόμον : nous adoptons la conjecture de Lennep, fondée sur Théocrite XVIII (*Epithalame d'Hélène*), 39, où l'on trouve le Dromos et les feuillages de la Prairie. Les manuscrits de Collouthos portent ἐς ῥόδον, qui est incompréhensible. Le Dromos était l'allée célèbre de Sparte, où avaient lieu les courses disputées par les jeunes Lacédémoniens des deux sexes; cf. Pausanias III, 14, 6. Quant à la Prairie, elle peut être soit celle des Heures, mentionnée en 344-345, soit le Platanistas, que Pausanias III, 14, 8 décrit comme une île sise entre deux bras de l'Eurotas, et à laquelle on accédait par des passerelles; c'était, semble-t-il, une pelouse entourée de platanes où les jeunes Spartiates venaient s'exercer au maniement des armes.

ἢ χρόα πατρῴοιο λοεσσαμένη ποταμοῖο
ᾤχετο καὶ δήθυνεν ὑπ' Εὐρώταο ῥεέθροις. »
Τοῖα δὲ δακρύσασα πολύστονος ἔννεπε κούρη·
« Οἶδεν ὄρος, ποταμῶν ἐδάη ῥόον, οἶδε κελεύθους
ἐς Δρόμον, ἐς Λειμῶνα· τί μοι φθέγγεσθε, γυναῖκες;
Ἀστέρες ὑπνώουσι, καὶ ἐν σκοπέλοισιν ἰαύει·
ἀστέρες ἀντέλλουσι, καὶ οὐ παλίνορσος ἱκάνει.
Μῆτερ ἐμή, τίνα χῶρον ἔχεις; Τίνα δ' οὔρεα ναίεις;
Πλαζομένην θῆρές σε κατέκτανον; Ἀλλὰ καὶ αὐτοὶ
θῆρες ἀριζήλοιο Διὸς τρομέουσι γενέθλην.
Ἤριπες ἐξ ὀρέων χθαμαλῆς ἐπὶ νῶτα κονίης
σὸν δέμας οἰοπόλοισιν ἐνὶ δρυμοῖσι λιποῦσα;
Ἀλλὰ πολυπρέμνων ξυλόχων ὑπὸ δάσκιον ὕλην
δένδρεα παπτήνασα καὶ αὐτῶν μέχρι πετήλων
σὸν δέμας οὐκ ἐνόησα καὶ οὐ νεμεσίζομαι ὕλῃ.
Μὴ διεροῖς γονόεντος ἐν Εὐρώταο ῥεέθροις
νηχομένην ἐκάλυψεν ὑποβρυχίην σε γαλήνη;
Ἀλλὰ καὶ ἐν ποταμοῖσι καὶ ἐν πελάγεσσι θαλάσσης
Νηιάδες ζώουσι καὶ οὐ κτείνουσι γυναῖκας. »
Ὣς ἡ μὲν στονάχιζεν· ἀνακλίνουσα δὲ δειρὴν

. . . .

344 λοεσσαμένη *b* : ὀλεσσαμένη (et antea παρῶιοι) M λοεσσομ- Julien ‖ **345** ὑπ' M : ὑπὲρ *b* ἐπ' Hermann ‖ ῥεέθροις M : παρ' ὄχθαις *b* ‖ **347** οἶδεν X : εἶδεν GK ‖ οἶδε *b* : οἱ δὲ M εἶδε GK ‖ **348** δρόμον Lennep (cf. Theocr. XVIII, 39) : ῥόδον X δρόσον Graefe ‖ μοι φθέγγεσθε M : με φθέγξασθε *b* ‖ **349** post 336 M, post 348 A, post 350 G ‖ ἀστέρες *b* : ἀνέρες M ‖ **352** σε MGK : τε *b* ‖ **354** ὀρέων *b* : ὀχέων M ‖ **357** μέχρι M : ἄχρι *b* ‖ **358** ὕλῃ Schneider : ὕλην X ‖ **359** μὴ διεροῖς Abel : μη διερὴ M μὴ δ' ἱερῶν CDEGK μὴ δ' ἱερὸν AB μὴ διερῶν Graefe ‖ γονόεντος *b* : στον- M ‖ ἐν Bekker (cf. Nonn. *Dion.* XVI 11) : ἐπ' X ὑπ' Graefe ‖ ῥεέθροις M : ῥεέθρων *b* ‖ **360** σε γαλήνη CDEGK : σε λαγήνη M σελήνη AB ‖ **361** ἐν (post. l.) om. M ‖ **362** ζώουσι X : σώζουσι Julien ‖ **363** στονάχιζεν M : στενάχεσκεν *b* ‖ ἀνακλίνουσα M : -κλίνασα *b* ‖ post uersum lac. stat. Dorville.

il se trouve en effet que, tous deux ayant obtenu du sort tout en commun, le Sommeil s'acquitte des œuvres de son frère aîné. De là vient que souvent, sous leurs paupières alourdies par le chagrin, les femmes s'endorment quand elles pleurent. Hermione, égarée par les tromperies des songes, croit découvrir sa mère et voici que la jeune fille surprise s'écrie dans son angoisse :

« Hier, par ton départ du palais, tu m'as laissée gémissante, alors que je dormais dans le lit de mon père. Y a-t-il montagne que j'ai omise? Y a-t-il pics que j'ai négligés? ».

Mais la Tyndaride fait entendre ces mots :

« Enfant désolée, ne me blâme pas : mon sort est terrible. L'homme venu hier est un fourbe qui m'a enlevée, et cela après l'union accomplie grâce à Aphrodite aux beaux cheveux. »[1]

Elle dit. Hermione se lève d'un bond et ne voit pas sa mère. Elle pousse des cris encore plus aigus :

« Oiseaux, enfants ailés d'une race aérienne, allez[2] en Crète et dites à Ménélas : hier, un homme sans loi est venu à Sparte et a détruit tout ce qui faisait la beauté de mon palais[3] ».

1. Vers errant, dont la place, d'après Lennep, se justifie mieux après le v. 378. L'étonnement scandalisé qui s'y exprime, convient mieux à Hélène, qui se plaint de sa mésaventure, puisqu'elle a été victime d'un fourbe (ἀπατήλιος ἀνήρ, v. 378) qu'à la petite Hermione qui, âgée de neuf ans, ne saurait invoquer l'ἁρμονίην 'Αφροδίτης.

2. Νοστήσαντες : νοστέω est parfois l'équivalent d'ἔρχομαι : cf. Apollonios de Rhodes, *Argon.* II, 352. — 'Επὶ Κρήτην : Ménélas s'y était rendu pour assister aux funérailles et recevoir sa part de l'héritage de son grand-père Κρηθεύς; cf. Apollodore, *Epit.* III, 3.

3. La conjecture de Brodeau, ἑῶν, introduit une incorrection; ἑός, *suus*, vaut aussi *meus* et *tuus*, mais, en ce cas, toujours avec valeur réfléchie.

Ὕπνος ἐπεὶ Θανάτοιο συνέμπορος ἦ γὰρ ἐτύχθη
ἄμφω ἀναγκαίῃ ξυνήια πάντα λαχόντων
ἔργα παλαιοτέροιο κασιγνήτοιο διώκειν.
Ἔνθεν ἀκηχεμένοισι βαρυνόμεναι βλεφάροισι
πολλάκις ὑπνώουσιν, ὅτε κλαίουσι, γυναῖκες.
Ἡ μὲν ἀλητεύουσα δολοφροσύνῃσιν ὀνείρων
μητέρα παπταίνειν ᾠίσατο, τοῖα δὲ κούρη
ἴαχε θαμβήσασα καὶ ἀχνυμένη περ ἐοῦσα·
« Χθιζὸν ὀδυρομένην με δόμων ἔκτοσθε φυγοῦσα
κάλλιπες ὑπνώουσαν ὑπὲρ λεχέων γενετῆρος.
Ποῖον ὄρος μεθέηκα; Τίνας προλέλοιπα κολώνας; » 374
Τοῖα δὲ φωνήσασα προσέννεπε Τυνδαρεώνη· 376
« Τέκνον ἀκηχεμένη, μὴ μέμφεο δεινὰ παθούσῃ·
ὁ χθιζόν με μολὼν ἀπατήλιος ἥρπασεν ἀνήρ,
οὕτω καλλικόμοιο μεθ' ἁρμονίην Ἀφροδίτης.» 375
Ἔννεπεν. Ἡ δ' ἀνόρουσε καὶ οὐχ ὁρόωσα τιθήνην
ὀξυτέρῃ πολὺ μᾶλλον ἀνεβρυχήσατο φωνῇ·
« Ἠερίης, ὄρνιθες, ἐύπτερα τέκνα γενέθλης,
ἔσπετε νοστήσαντες ἐπὶ Κρήτην Μενελάῳ·
χθιζὸν ἐπὶ Σπάρτην τις ἀνὴρ ἀθεμίστιος ἐλθὼν

364 ὕπνος ἐπεὶ MABCD : ὕπνος δ' ἐπεὶ E ὕπνωσ' ἐπεὶ GK ὕπνον ἕλεν Wernicke ὕπνος ἕλεν Tournier ὕπνωσεν Lennep ‖]ορος; ἦ[om. M trium litt. spatio relicto ‖ ἦ γαρ Schneider : εἰ γὰρ *b* εἰ δ' E γὰρ solum M ‖ **365** ἄμφω X : ἀμφὶς Graefe αὐτῷ Abel ‖ -καίῃ C et Tournier: ἀναγκαίη X ‖ ξυνήια πάντα *b* : ξυνη ἅπαντα M ‖ λαχόντων Vian : λαχόντε L et Hermann λαχόντα X ‖ **367** ἀκηχεμένοισι *b* : -νησι M ‖ **368** ὑπνώουσιν [-ουσι C] ὅτε κλαίουσι *b* : ὑπνωοισιν ὀψαὶ κλαίουσαι M ‖ **369** δολοφροσύνῃσιν M : δαϊφροσ- *b* ‖ **370** ᾠίσατο A : ᾠίσσ- X ‖ **372** ὀδυρομένην X : -μένη A ‖ με MCDEGK : καὶ AB ‖ ἔκτοσθε(ν) M *b* : ἔκτοθε GK ‖ **374** μεθέηκα M : προλέλοιπα *b* ‖ προλέλοιπα M : μεθέηκα *b* ‖ κολώνας *b* : γυναῖκας M ‖ **377** μὴ om. M ‖ δεινὰ Graefe : αἰνὰ M τοῖα *b* ‖ παθούσῃ M : παθοῦσα *b* ‖ **378** ὁ χθιζὸν Abel : οὐ χθίζων M ὁ χθιζὸς *b* ‖ μολὼν *b* : μεδων M ‖ **375** transp. post 378 Weinberger ‖ καλλικόμοιο *b* : καλλιμόροιο M ‖ **380** πολὺ MG[2]K[2]: πολλῷ B πολλῇ *b* ‖ **382** ἔσπετε X et C[1] : εἴπατε C[2].

C'est ainsi que, ruisselante de larmes, la petite fille s'adresse à l'air et cherche sa mère au cours d'errances vaines. ⟨Cependant, après avoir visité⟩ [1] les villes de Cicones [2] et le détroit de l'Éolide Hellé, le jeune époux conduit sa femme jusqu'aux ports de la Dardanie. Avec frénésie, Cassandre s'arrache les cheveux et déchire [3] son voile brodé d'or, lorsqu'elle voit du haut de l'acropole la nouvelle venue. Mais Troie, ouvrant les verrous de ses hautes portes, accueille à son retour l'habitant, qui sera la cause première de sa ruine.

1. Il y a une lacune d'un ou plusieurs vers, comme l'indique καὶ devant Κικόνων; le poète devait mentionner une ou plusieurs des escales de Pâris à son retour de Sparte. Notre complément est conjectural.

2. Les Cicones, peuple de Thrace orientale; cf. *Il.* II, 846; *Od.* IX, 39; Hérodote, *Hist.* VII, 59. — Αἰολίδος πόρον Ἕλλης : l'Hellespont ; Hellé, fille d'Athamas, fils lui-même d'Éole, et sœur de Phrixos; cf. Apollodore, *Bibl.* I, 9, 1 (82 W).

3. Ἔρρηξε, « déchira », donné par les manuscrits, vaut mieux, semble-t-il, parce que beaucoup plus fort que ἔρριψε « jeta au vent », conjecture de Portus.

ἀγλαΐην ξύμπασαν ἐμῶν ἀλάπαξε μελάθρων. »
  Ὣς ἡ μὲν πολύδακρυς ἐς ἠέρα φωνήσασα,
μητέρα μαστεύουσα, μάτην ἐπλάζετο κούρη.
. . . .
καὶ Κικόνων πτολίεθρα καὶ Αἰολίδος πόρον Ἕλλης
Δαρδανίης λιμένεσσιν ὁ νυμφίος ἤγαγε νύμφην.
Πυκνὰ δὲ τίλλε κόμην, χρυσέην δ' ἔρρηξε καλύπτρην
Κασσάνδρη νεόφοιτον ἀπ' ἀκροπόληος ἰδοῦσα.
Τροίη δ' ὑψιδόμων πυλέων κληῖδας ἀνεῖσα
δέξατο νοστήσαντα τὸν ἀρχέκακον πολιήτην.

384 ξύμπασαν M : σύμπασαν *b* ‖ ἐμῶν X : ἑῶν Brodeau, immerito ut uid. ‖ **386** post uersum lac. suspic. Brodeau ‖ **387** καὶ (ant. l.) X : πὰρ Hermann ‖ **389** δὲ τίλλε Wernicke : δετιλλε M δ' ἔτιλλε *b* ‖ δ' ante ἔρρηξε om. M ‖ **390** ἀπ' Stephanus : ἐπ' X ‖ **391** Τροίη *b* : Τροίης M ‖ πυλέων *b* : πολέων M ‖ κληῖδας *b* : κληιδος M ‖ **392** πολιήτην *b* : πολίτην MA.

NOTES COMPLÉMENTAIRES

Page 2.

2. Héra est à la fois sœur et épouse de Zeus; cf. Hésiode, *Théog.* 454 (Héra), 457 (Zeus).

3. Κενταύροιο : le centaure Chiron, fils de Cronos et de l'Océanide Philyra; d'une double nature, à la fois homme et cheval, il était immortel et habitait une grotte du Pélion, en Thessalie; cf. Apollodore, *Bibl.* I, 2, 4 (9 W). Sa science et sa sagesse étaient proverbiales; il fut le maître du fils de Pélée et de Thétis, Achille.

4. Peithô, la Persuasion divinisée, figure souvent dans le cortège d'Aphrodite; cf. Eschyle, *Agam.* 385 sqq.; *Anthol. Pal.* V, 70 (Rufin).

Page 3.

2. Les Titans, fils d'Ouranos, le Ciel, et de Gaïa, la Terre, furent précipités dans le Tartare après leur défaite dans la bataille qui les avait opposés aux Olympiens, soutenus par les Cent-Bras : cf. Hésiode, *Théog.*, 666 sqq.; Apollodore, *Bibl.* I, 2-3 (3 W); Nonnos, *Dion.* IV, 54 sqq.

3. La légère correction de καὶ en κὰπ permet d'éliminer un *zeugma* abusif et d'obtenir un sens satisfaisant. Il n'est même pas nécessaire de changer κατοπτευτῆρι en κατοπτητῆρι. F. Vian a abandonné cette conjecture qu'il avait proposée dans *R. E. G.*, LXXXII (1969) 593 : les verbes en -άω passent en effet aisément à la conjugaison en -έω dans le dialecte ionien et dans l'épopée; ὀπτέομαι notamment est attesté chez Théocrite (VII, 55; XXIII, 34).

Page 4.

3. Εἰς ὁδὸν ἡγεμόνευε : la construction de ἡγ. + εἰς est choquante (cf. Max Schneider, *Philologus* XLIX (1890) 736). Ἡγεμονεύω se construit d'ordinaire avec l'accusatif sans préposition; cf. Théocr. XI, 27 ἐγὼ δ' ὁδὸν ἡγεμόνευον,

Qu. Sm. XIII, 326; cependant, v. Nonnos, *Dion.* XLI, 360 εἶπε καὶ ἡγεμόνευε ἐς ἀγλαὰ θέσφατα τοίχου et XIII, 502-503.

4. Περόνην θυόεντα : accord insolite, qu'on rencontre à plusieurs reprises dans la langue épique : cf. *Od.* IV, 406 πικρὸν ὀδμήν et IV, 442; Nicandre, *Thér.* 129 ψολόεντος ἐχίδνης; *H. orph.* XVIII, 4 ζοφόεντα πορείην; Musée, *Héro et Léandre*, 327 αὐτόματος χύσις.

Page 5.

2. On doit conserver le texte des manuscrits ἔην (1re pers. de l'indic. impf.). Aphrodite rapporte ce qu'on disait d'elle (cf. v. 89 ἐνέπουσι). La conjecture de Weinberger, ἀεί, est inutile. Il suffit d'admettre, chez Aphrodite, un changement d'intonation, que la ponctuation indique et que souligne le changement de temps (passage du présent à l'imparfait et retour au présent).

3. Le ceste est la ceinture, à usage de soutien-gorge, que porte Aphrodite. Cette partie de son vêtement était, selon la tradition, douée d'un pouvoir magique de séduction.

4. Aphrodite dit bien comment elle pense triompher de l'ἔγχος d'Athéna et de son βέλος, mais ne fait aucune allusion à la κοιρανίη d'Héra. Y a-t-il une lacune après 97?

Page 6.

3. La vue des dieux, même involontaire, risque de faire mourir; cf. Actéon, déchiré par ses chiens pour avoir surpris Artémis au bain. Cette croyance a été partagée par d'autres peuples, même monothéistes; cf. dans la Bible, *Genèse*, XXXII, 31, *Exode*, XIX, 21, XX, 19; *Lévitique* XVI, 1.

4. Γαυλόν, mot d'origine sémitique; accentué γαῦλον, il désigne un vaisseau rond de commerce (στρογγύλη ναῦς); accentué γαυλόν, le terme signifie « jatte à lait »; voir E. Masson, *Recherches sur les plus anciens emprunts sémitiques en* grec, Paris, Klincksieck, 1967, p. 39; cf. *Od.* IX, 223; *Anthol. Pal.* VI, 35, 5 (Léonidas de Tarente) γαυλούς... γλαγοπῆγας « jattes à cailler le lait ».

Page 7.

2. Ἦκα : la conjecture de Tournier, ὦκα, « rapidement », est superflue. Doucement (ἦκα) se justifie parce que Pâris répond par la douceur à l'aimable invite d'Hermès et peut-être aussi parce qu'il est intimidé.

3. Ces trois vers, omis par M seul, semblent nécessaires : 1° ils expriment l'hostilité d'Héra à l'égard d'Aphrodite; 2° ils renferment une flatterie à l'égard de Pâris, qui tient Troie en sa garde; 3° Ils s'accordent avec la promesse fondée sur l'éventualité des malheurs de Troie. Pâris sera le sauveur de son pays, grâce à son courage (v. 144) qui, sans cette promesse, serait peu vraisemblable (cf. v. 231-234).

4. Ényô, déesse de la guerre qui combat souvent aux côtés d'Arès : cf. *Il.* V, 592. Dans certains sanctuaires, elle lui est associée, cf. Pausanias I, 8, 4.

5. 'Απτολέμοισι, donné par la tradition manuscrite, peut s'interpréter ainsi : le roi règne sur les braves et sur les pacifiques : peu importe, puisque la guerre n'est pas son affaire. Avec εὐπτολέμοισι (Abel, Livrea), le sens est : le roi règne sur les braves et les bons guerriers; il n'a donc pas besoin de faire la guerre. La première leçon semble préférable; elle met l'accent sur κοίρανος, c'est-à-dire sur l'autorité que possède le souverain et qui suffit à lui éviter de faire la guerre. La tendance du propos est nettement pacifiste.

Page 8.

2. Aphrogénie, littéralement née de l'écume, autre nom d'Aphrodite.

3. Les Charites (Grâces) sont présentées d'ordinaire comme filles de Zeus et de l'Océanide Eurynomé; v. Hésiode *Théog.* 907-909; ici elles sont filles d'Héra. Elles sont trois, Euphrosyné, Thalie, Aglaé, chez Hésiode, *l. c.* et chez Apollodore, *Bibl.* I, 3, 1 (13 W).

Page 9.

3. 'Ιμείρων ne fait pas pléonasme avec ἔρωτι; Pâris désire et poursuit celle qu'il n'a jamais vue; cf. Ovide, *Hér.* XVI, 103 *quid facies praesens, quae nondum uisa placebas !*

4. Δύσπαρις, forme à préfixe péjoratif; cf. *Il.* III, 39; XIII, 769.

5. Phéréclos, selon Homère, fils de Tectôn, lui-même fils d'Harmonidès; cf. *Il.* V. 59-64. Troyen d'une remarquable adresse manuelle, il construisit le vaisseau qui devait transporter Pâris à Sparte.

Page 10.

3. Τιθήνης est à coup sûr le texte authentique Θαλάσσης n'est qu'une glose empruntée à l'expression homérique ἐπ' εὐρέα νῶτα θαλασσῆς *Il.* II, 159 (v. à ce propos sur

la μίμησις et ses limites, les observations rappelées dans l'*Introd.*, p. xxx sqq.). Τιθήνη peut désigner la mer, considérée comme le lieu de naissance d'Aphrodite; un contemporain de Collouthos, Christodoros, dans son Ἔκφρασις, emploie le terme en l'appliquant à une ville (Troie, v. 158), puis à une région (la Dardanie, v. 164) par une métonymie analogue à celle qui qualifie de berceau le lieu où est né un individu ou d'où provient une famille. Lennep avait proposé de lire γαλήνης, « la mer », d'après Nonnos, *Dion.*, III, 60 et XI, 50, qui utilisait en la circonstance le même mode de μίμησις que Collouthos, *imitatio cum uariatione.*

L'Hellespont, pour les Anciens, était non un simple détroit, mais une mer; cf. *Il.* VII, 86 ἐπὶ πλατεῖ Ἑλλησπόντῳ. Pour θάλασσα. V. p. xxviii, n. 3.

4. Le lac Ismaris, en Thrace, entre Maronée et Stryme : Hérodote, *Hist.* VII, 109.

5. Μετὰ ῥία : μετ' οὔρεα de M doit être une glose. Le mont Pangée est une montagne de Thrace, située à l'Est du cours inférieur du Strymon (aujourd'hui Despoto-Dagh); cf. Hérodote, *Hist.* V, 16.

6. Phyllis, fille d'un roi de Thrace, épousée par Démophon, fils de Thésée, à son passage en Thrace, puis abandonnée par son mari, revenu à Athènes. Les allées et venues de la délaissée, au cours de son attente, avaient valu à l'endroit le nom évocateur des Neuf Routes. On donna par la suite ce nom à une localité des environs d'Amphipolis; cf. Hérodote, *Hist.* VII, 113-114; Apollodore, *Epit.* VI, 16-17. — Φιλήνορος : la traduction de Lennep *uirosa* (qui aime les hommes, dévergondée) est un contre-sens; cf. Nonius : *uirosae mulieres dicuntur uirorum appetentes, uel luxuriosae.* Le sens est exactement le contraire : « qui aime son mari ». Phyllis est citée par plusieurs Anciens comme un modèle de fidélité conjugale; v. Introd. p. xviii n. 2.

7. Διὲκ : conjecture de F. Vian. Giangrande, *art. cit.*, p. 252 conserve διὰ : il voit dans διὰ χθονὸς un exemple typique d'*oppositio in imitando* (v. son article de *Classical Quarterly*, N. S. XVII (1967), p. 87), et compare avec Nonnos, *Dion.* XXIII, 146 ἀνέτελλε δι' ὕδατος. De la plaine de Thessalie, les fleurs (*i. e.* les plus belles villes ou régions) de la terre achéenne semblent « émerger », ce qu'exprime bien διὲκ. — L'Hémonie est l'ancien nom de la Thessalie.

Page 11.

2. *Locus desperatus* : l'Erymanthe n'est pas proche de Sparte; ἀνέρχομαι peut se dire d'un astre qui monte dans

le ciel; l'Erymanthe (aujourd'hui mont Olonos, 2 224 m) est une haute montagne d'Arcadie; pour l'origine probable de l'erreur de Collouthos, v. *Introd.* p. XVIII.

3. Thérapné, ville de Laconie, au S. E. et à proximité de Sparte. Ménélas et Hélène y avaient été enterrés et Hélène y possédait même un sanctuaire; cf. Hérodote, *Hist.* VI, 61; Pausanias III, 19, 9.

4. Χιονέοιο : littéralement « neigeux », exprime plutôt une idée de limpidité, de pureté, que de fraîcheur.

5. Sur le caractère de Pâris, jeune voluptueux, cf. *Il.* III 54-55, et les reproches que lui adresse Hector, *Il.* VI, 521 sqq.

6. Ὑποχραίνοιντο, selon Schneider, serait dû à l'Aldine; la leçon se trouve aussi dans G H K L; de toute façon, si c'est une conjecture, la conjecture est heureuse; mais le verbe exige comme complément κονίῃς (datif plur.) et non le génitif κονίης; l'omission d'un ι souscrit est en effet à peine une faute dans les manuscrits.

7. Hyacinthe, fils d'Amyclas et éromène d'Apollon, tué involontairement par le dieu au cours d'un exercice de lancement du disque; cf. Apollodore, *Bibl.* III, 10, 3 (116 W). La fleur appelée hyacinthe portait sur ses pétales, d'après la légende, les lettres AI, qu'on interprétait comme un cri de douleur, ou Y, où l'on voulait voir l'initiale du nom du jeune garçon. — Amyclées est l'ancienne capitale de la Laconie achéenne, au S. E. de Sparte; cf. P. Roussel, *Sparte*, Paris, de Boccard, 1939, p. 23.

Page 13.

4. Pylos, ville de la côte occidentale du Péloponnèse (v. *Od.* II, 326), fondée par Nélée, père de Nestor; cf. Apollodore, *Bibl.* I, 9, 9 (93 W).

5. Fils de Nestor, cf. *Il.* XXIII, 301 sqq.

6. Les Éacides sont les descendants d'Éaque, fils de Zeus et de la Nymphe Égine. Éaque avait eu en effet pour fils Pélée, père d'Achille, et Télamon, père d'Ajax. Patrocle, connu comme ami très cher d'Achille (cf. Apollodore, *Bibl.* III 18, 3 [196 W]), descendait bien d'Égine, mais non d'Éaque. Collouthos le range un peu arbitrairement parmi les Éacides, v. à ce sujet la remarque de l'*Introd.* p. XXI *in fine.*

Page 14.

4. Pâris attribue à la famille entière de Ménélas la faiblesse à laquelle Homère fait déjà allusion *Il.* X 121-122 et qui, selon Euripide, *Oreste* 1201-1202, caractérise le roi

de Sparte, coupable de s'être montré faible devant Hélène retrouvée; cf. Euripide, *Troyennes* 1051 sqq.

Page 16.

5. Pausanias III, 13, 7 mentionne un sanctuaire des Dioscures et des Charites sur le chemin menant au Dromos. Or, les Heures (saisons) sont souvent les compagnes des Charites, comme elles filles de Zeus, v. Apollodore, *Bibl.* I, 3, 1 (13 W.).

Page 17.

2. Après ce vers, Dorville suppose une lacune où le poète indiquait sans doute qu'Hermione avait fini par s'endormir, en pleurant, d'un sommeil profond : « car, ajoutait-il, le sommeil est le frère de la mort ».

TABLE DES MATIÈRES

Ce volume,
le deux cent quatorzième
de la série grecque
de la Collection des Universités de France,
publié aux Éditions Les Belles Lettres,
a été achevé d'imprimer
en octobre 2024
sur les presses
de La Manufacture Imprimeur
52205 Langres Cedex, France

N° d'édition : 11055
N° d'impression : 240773
Dépôt légal : novembre 2024